# À préparer en 15 min maxi

Ouvrage publié sous la direction de Laure Paoli

**Du même auteur :**

*Petits tracas et gros soucis de 1 à 7 ans, quoi dire, quoi faire.*
Avec Christine Brunet, Albin Michel, 2005.

*Petits tracas et gros soucis de 8 à 12 ans, quoi dire, quoi faire.*
Avec Christine Brunet, Albin Michel, 2004.

Anne-Cécile Sarfati

# À préparer en 15 min maxi

Albin Michel

*À Marc, évidemment*
*(il sait pourquoi...)*

# Table des recettes

## Les salades



## Les soupes

## Les viandes

## Les poissons



## Les pâtes, tartes salées, terrines, gratins

## Les desserts



## Index

# Avant-propos

Il y a encore deux ans, j'étais une schizophrène de la cuisine. Une vraie personnalité double. Je coupais ma vie en deux : la semaine d'un côté, le week-end de l'autre. La semaine, pour nourrir mes trois fils, je laissais faire Corinne, la baby-sitter. Et pour ce qui nous concerne, mon mari et moi, je faisais confiance... à la chance. J'avais trop de choses sur le dos pour prendre en charge les repas familiaux du quotidien. Résultat ? Trois soirs sur quatre, nous nous retrouvions à 21 h 30, une fois les enfants couchés, en train de errer, tels deux ados attardés, devant un frigo peu engageant... L'affaire se concluait en général par des pâtes, *allô pizza* ou *allô sushi*.
Durant le temps minuté des soirées avec les enfants, je trouvais plus sympa de leur raconter des histoires ou de discuter avec eux et, plus utile, de vérifier leurs devoirs. Je savais bien que leurs menus étaient peu variés, mais je me déculpabilisais en me rattrapant les week-ends. Car, les fins de semaine, j'étais capable de passer des heures, plongée dans les livres de cuisine, pour régaler ma famille et mes copains. Tout aurait pu continuer ainsi.
Mais un beau jour, Charles et Marc, mes fils aînés (âgés à l'époque de neuf et onze ans), ont mis un terme à mon dédoublement culinaire. « Maman, ce n'est plus possible, on mange trop mal avec Corinne ! », ont-ils commencé. Puis, coup de grâce, ils ont ajouté : « Nous encore, on peut supporter, mais quand on a des copains,

c'est trop la honte ! Ce qu'elle fait à manger est vraiment dégueu ! » Mon sang de bonne mère coupable n'a fait qu'un tour. J'ai d'abord mené l'enquête – discrètement pour ne pas vexer la nounou. Et là, j'ai dû me rendre à l'évidence : mes fils disaient vrai. Ce qu'ils avalaient, était proprement immonde : steaks cuits comme des semelles, poissons panés accompagnés de petits pois en boîte dégoûtants, pâtes et riz collants parce que trop cuits, le tout baignant dans des kilos de beurre cuit...

Quelques semaines plus tard, ma belle-mère – qui n'a jamais travaillé et a donc passé sa vie à mitonner de bons petits plats à ses enfants et à son mari... – en a remis une couche dans le registre : « Pauvres petits qui mangent si mal ! » Ce genre de pression avait beau me rendre folle, les choses progressaient doucement en moi. Parce que moi aussi, j'en avais ras le bol des sushis et des pizzas !

Pour m'encourager, ma belle-mère m'a offert une sublime cocotte en fonte et m'a conseillé d'investir dans un autocuiseur ; elle m'a expliqué, ce que j'ignorais jusque-là, que cet équipement permettait de cuisiner en deux temps trois mouvements quantité de plats délicieux et pas seulement des légumes « flotteux ». Restait LE problème le plus important : celui du temps. Comment, en plus du reste, allais-je faire pour prendre en charge les repas de la semaine ? Je manquais à l'évidence d'idées et de savoir-faire.

Par mon métier de journaliste, j'ai découvert que je n'étais pas seule dans ce cas. Des études sociologiques prouvaient que j'étais un vrai petit phénomène de société à moi toute seule. De nom-

breuses femmes de ma génération dissociaient « faire à manger » et « faire la cuisine » parce qu'elles n'avaient jamais appris de leur mère les tours de main élémentaires, qui font qu'on fait vite et bien. Je décidais d'écrire un article dans *ELLE* et de m'y mettre. Mon ambition n'était pas de devenir un cordon-bleu, mais d'apprendre à me débrouiller aussi rapidement et convenablement que les copines qui, tout en bossant comme des folles, parviennent à se nourrir correctement au quotidien. Ma grande amie Isabelle était, à mon sens, la mieux organisée de toutes. Un été, dans le Var, elle me donna toutes ses recettes express du quotidien. Ce cadeau fut le point de départ de ce livre. Qu'elle en soit remerciée tout particulièrement. Par la suite, d'autres copines et copains m'ont donné leurs bonnes idées. Je me suis mise à cuisiner tous les jours un petit peu. J'y ai pris goût. Cela me détend. Ma qualité de vie et celle de ma famille en est considérablement augmentée. Aujourd'hui je ne pourrais plus revenir en arrière.
C'est tout ce que je vous souhaite !

ANNE-CÉCILE SARFATI

# Dédramatiser *la cuisine*

AVANT DE COMMENCER,
VOICI TOUS LES TRUCS DE CELLES QUI
— EN PLUS DE TOUT LE RESTE —
RÉUSSISSENT À CUISINER AU QUOTIDIEN.

Souvent, on dissocie la semaine (où l'on ne fait presque rien) et le week-end (où l'on se plonge dans des livres de recettes compliquées pour mitonner de bons repas aux copains et aux enfants). Cela revient à dramatiser la cuisine, à placer la barre trop haut, à distinguer « faire à manger » et « faire la cuisine ». Cette attitude est souvent liée à un manque de transmission par nos mères des gestes élémentaires que l'on pratique dans une cuisine. Elles appartenaient souvent aux premières générations de femmes qui ont investi le monde du travail et rejeté la cuisine, symbole des mères au foyer, modèle dont elles ne voulaient plus.
Résultat ? Ce que nous savons faire, nous l'avons appris toutes seules et il nous manque souvent du temps pour que ces gestes deviennent des automatismes. Pour rompre le cercle vicieux, la première chose à faire est de dé-dra-ma-ti-ser. Dans le quotidien, on peut très bien se nourrir d'une blanquette express mitonnée à l'autocuiseur en un temps record, qui, certes, sera moins raffinée que celle qu'on servirait pour un dîner en ville (quoique...), mais sera bien meilleure que celle du supermarché ou du traiteur. Ce livre comporte quantité de recettes classiques qu'on peut réaliser à l'autocuiseur et à la vitesse de l'éclair.

# Transformer la corvée en plaisir

## • Intégrer l'idée que cuisiner détend et fait plaisir

Quand on se préoccupe que ça n'attache pas, on ne pense plus au dossier Shmurtz qui nous prend la tête. Faire la cuisine aère l'esprit. De plus, c'est la seule tâche domestique gratifiante, parce qu'elle se voit et représente un cadeau qu'on fait aux autres et à soi-même. Rien à voir avec passer l'aspirateur ! Et puis quelle qualité de vie gagnée quand on n'erre plus le soir devant un frigo à moitié vide !

## • Renouer avec l'aspect ludique de l'opération

Seule l'habitude le permet. Quand on prévoit chaque soir un menu, on acquiert une expérience qui fait qu'on va très vite. On s'enlève une dose de stress considérable en rentrant du bureau. Dès qu'on a un peu de bouteille, on s'autorise des trucs qu'on pensait interdits. Exemples ? Ne pas éplucher les courgettes, ni les carottes nouvelles (si elles sont belles) que l'on met dans la soupe. En plus, c'est plein de vitamines. Diminuer les matières grasses ou la dose de sucre prescrite dans la recette. Changer un ingrédient qu'on n'a pas par un autre qu'on a sous la main. Ainsi, on innove énormément.

# Élargir son panel de recettes

Ce livre a pour but de vous y aider. Dans un premier temps, lisez-le pour repérer les recettes qui vous font le plus envie. Puis, faites des essais pendant les week-ends et les vacances et même pendant la semaine, puisque les temps de préparation le permettent. Déléguez (au conjoint et aux enfants) certaines corvées : courses, épluchage, découpage, mixage... Il n'y a que des avantages à faire participer les enfants : ils ne s'ennuient plus ; cela pousse à la communication parent-enfants ; vous leur transmettez ce que manifestement on ne vous a pas appris...

## Instaurer la règle du respect de la cuisinière

Se donner du mal, oui, se transformer en boniche, non ! Conséquence : c'est le même plat pour toute la famille et basta. Celui qui n'aime pas mangera mieux demain. Et bien sûr, tout le monde (sauf vous, puisque vous cuisinez !) aide à mettre le couvert et à débarrasser.

## Vivre avec son temps

Jongler avec le frais (la viande, le fromage, les légumes et les fruits), les surgelés (de préférence les matières brutes : légumes lavés, épluchés et coupés, filets de poisson...) et les bons plans tout prêts du supermarché : béchamel en brique, pâte à tarte, etc. Des tas de bidouillages sont possibles. Ce livre en comporte beaucoup. Faites des essais pour trouver les vôtres.

## Optimiser son équipement

**Le micro-ondes** permet de faire cuire directement dans le plat de service, sans salir de casserole, ni de passoire, ni en mettre partout sur la gazinière.

**Comment cuire au micro-ondes du riz, de la semoule ou du chou-fleur**

**RIZ :** mettre 2 verres de riz dans le plat de service, ajouter 3 cm d'eau bouillante au-dessus du niveau du riz, 1 cuil. à soupe d'huile d'olive, du sel, mélanger, couvrir de film alimentaire et faire cuire 20 min à puissance maximale.

**SEMOULE** (graine de couscous) aux raisins secs : mettre 2 verres de graine de couscous, 2 verres d'eau salée et 1 cuil. à soupe d'huile d'olive dans un plat, couvrir d'un film alimentaire et enfourner pour 3 min à puissance maximale, remuer puis faire cuire à nouveau pendant 3 min à puissance maximale.

**CHOU-FLEUR :** ôter les feuilles vertes, à la base, laisser le chou-fleur entier, le rincer, ne pas l'essuyer et l'envelopper d'un film alimentaire, faire cuire 7 min à puissance maximale, le tourner, puis le faire cuire à nouveau 7 min à puissance maximale. C'est prêt et ça ne sent pas mauvais dans toute la maison.

**Le four** est votre allié : pas d'odeur (si on met une cocotte ou un plat à tajine directement dedans), pas de débordement sur la gazinière. Ça peut cuire longtemps et ça permet de faire autre chose entre-temps.

**La cocotte en fonte** aussi : on y plonge viande et légumes avec un peu de liquide (vin ou eau + cubes de bouillon) et hop ! On l'oublie pendant des heures, de préférence dans le four (voir point précédent). Après c'est tout confit, tout bon...

**L'autocuiseur** ne sert pas uniquement à cuire des légumes « flotteux » dégoûtants ! On peut y faire aussi des soupes et un tas de plats classiques (blanquette, navarin, tajine...) en un temps record. Et en plus c'est bon. Testez les recettes qui suivent. Les autocuiseurs d'aujourd'hui n'ont rien à voir avec ceux d'hier. La cocotte Clipso Control, dernière née de SEB, contient un minuteur électronique amovible qui fait bip dès la montée en pression, décompte le temps de cuisson à partir de ce moment, se glisse dans la poche et sonne quand c'est prêt ! La Lagostina Express est légère et facile à manier. De plus, elle offre un système de fermeture très pratique et un temps de cuisson inégalé. C'est celle que j'utilise : aussi, les temps de cuisson de mes recettes à l'autocuiseur sont très faibles. Si vous utilisez une autre marque, allongez un peu la durée d'attente après la montée en pression. Un dernier conseil : ne choisissez pas un modèle trop grand, donc trop lourd et trop pénible à utiliser. Pour une famille de 5 personnes, un modèle de 24 cm de diamètre suffit largement.

**Le mixeur** est incontournable ! Le robot « tout-en-un » est pratique si vous avez de la place, mais ses ustensiles sont encombrants et le bol souvent trop petit pour contenir une soupe familiale. En revanche, le simple pied qui permet de mixer directement dans la casserole ou la cocotte est hyper commode. Prenez un modèle avec mini-hachoir et batteur en option et gardez-le tout près de vous et... de votre autocuiseur.

## Gérer la galère des courses

### • Le bon rythme

Tout dépend de votre famille. Si vous vivez seule avec un enfant, un supermarché tous les 15 jours et le frais une fois par semaine peuvent suffire. Mais si vous avez une famille plus nombreuse, difficile de faire moins qu'un supermarché tous les 10 jours (voire toutes les semaines) et un marché de frais par semaine. C'est beaucoup, mais c'est du temps gagné pour après.

## • Internet ou pas ?

Tout dépend de vous. Pour certains, ne pas voir ce qu'ils achètent est très frustrant et coupe leur imagination. Ils préfèrent remplir le frigo à 20 heures, le samedi soir, quand il n'y a personne au supermarché. Mais pour les packs d'eau et de lessive, il n'y a aucun intérêt à se déplacer. Internet est alors vraiment intéressant.

## • Une liste ou pas ?

Sur Internet, c'est indispensable. Au début, rentrer les noms des produits d'entretien et la marque de papier toilettes, c'est comme passer de l'agenda papier au Palm Pilot : ça prend un temps fou, mais après c'est pour la vie (ou presque) ! Pour le frais et la viande, certains préfèrent réfléchir avant aux menus, d'autres partir à l'aveuglette et acheter en fonction de ce qu'ils trouvent, des idées qui leur viennent devant les étals et les promos.

# Avoir les bonnes réserves

Ceux qu'on ne prend jamais au dépourvu ont toujours...

**Dans les placards :** des lentilles en boîte pour improviser une salade avec lardons, échalotes et vinaigrette. Variation : des pois chiches auxquels ils ajoutent (après les avoir fait un peu chauffer dans leur jus et égouttés) une sauce composée de cumin, citron, huile d'olive, harissa (voir recette p. 30).
Ils ont un échantillonnage d'épices (curry, noix muscade, gingembre...), de condiments séchés (poudre d'ail, poudre d'échalote...) et de bouillons cubes (volaille, bœuf...) pour donner de la saveur au moindre bout de viande ou poisson ou même aux légumes, sans en ajouter dans le gras.
Les perfectionnistes rapportent des feuilles de vigne de leur voyage en Grèce (« Avec une salade, c'est top »), des pâtés du Sud-Ouest, des bocaux de harengs de Ikéa (« Un délice avec 3 patates à l'eau ! »), du lait de coco déshydraté de Harrod's à Londres (« avec 3 blancs de poulet – ou 2 filets de poisson – et un peu de curry dans un wok, il n'y a rien de meilleur ! »).

**Dans le congélo :** des plats qu'ils ont préparés le week-end en doublant systématiquement les proportions ; des oignons, de l'échalote et de l'ail tout épluchés pour ne plus jamais avoir les doigts qui sentent et les yeux qui pleurent ; des légumes coupés, des fruits de mer, des filets de poisson et des fruits. Et quelques bons plans tout faits pour les jours où ils ne veulent rien faire.

**Dans le frigo :** gruyère râpé, crème fraîche, blancs de poulet (« Loué » de préférence), herbes (rincées, ciselées et enfermées dans des Tupperware, ça tient une semaine au moins).

**Instaurer le principe du respect des placards :** quand y'en a plus, y'en a plus. Jusqu'au prochain plein. Quand quelqu'un finit un ingrédient, il le note immédiatement sur un petit calepin toujours placé au même endroit, qui servira de base à la liste des prochaines courses.

## LES BONS PLANS TOUT FAITS DES JOURS OÙ ON NE VEUT RIEN FAIRE

## ON A TESTÉ POUR VOUS...

Chez **Picard Surgelés**

- Toutes les purées de légumes
- Potage Brighton (carottes, pommes de terre, cheddar)
- Velouté de champignon
- Potage lyonnais (potiron, pommes de terre, emmental)
- Risotto aux crevettes et aux asperges vertes
- Risotto aux champignons
- Tartiflette portionnable

- Gratin dauphinois portionnable
- Gratin de chou-fleur portionnable
- Pastilla au poulet et aux légumes
- Cuisses de canard en confit
- Manchons de poulet rôtis
- Bouchées de poulet tikka
- Moelleux au chocolat
- Clafoutis aux cerises

Au **supermarché**

- Pavés (de bœuf) marinés aux trois poivres (Charal) : sous vide, ils se gardent une quinzaine de jours au réfrigérateur.
- Riz Uncle Ben's express (2 minutes au micro-ondes et c'est prêt !)
- Graine de couscous parfumée aux épices du monde (Tipiak) : pas de casserole, de l'eau chaude, de l'huile d'olive et 5 minutes d'attente suffisent !

## Anticiper les menus

- Ne pas se laisser impressionner par les diktats. Celui de la minceur, bien sûr, mais aussi celui des goûts – différents – de chacun. Pour la cuisine de tous les jours, trop de démocratie nuit.

• Lundi c'est ravioli ? Il n'y a que dans ***La vie est un long fleuve tranquille*** que le système marche. On peut anticiper sur 3-4 jours les menus, voire sur toute la semaine, mais décider de dîner tous les lundis la même chose lasserait tout le monde et nuirait à votre glamour... Enfin, trop de rigidité fait faire des bêtises : on se retrouve avec des tas de restes dont on ne sait que faire (voir page suivante). Le mieux est encore d'acheter les produits frais le week-end pour le début de la semaine et de finir celle-ci avec ceux du congélateur et des placards.

## Préparer le repas au meilleur moment

Tout dépend de votre emploi du temps.

• Si vous commencez à travailler tard le matin, cuisinez après le petit déjeuner est encore le mieux, à condition que vous preniez votre douche après et protégiez vos cheveux des odeurs. Mais si vous devez partir en même temps que les enfants, pas question d'avaler votre café dans les brocolis ! On peut cuisiner le matin en 5 minutes, s'il s'agit juste de préparer quelque chose que l'on cuira le soir en rentrant du boulot. Exemple : une quiche ou un plat qui mijote dans une cocotte.

• Si vous travaillez tôt et rentrez tard, cuisiner le soir après le repas, pour celui du lendemain est une alternative. On sait : après une journée de boulot, l'idée même est épuisante, mais si ça ne dure que quelques minutes, on vous jure que ça calme les nerfs.

• Enfin, il vous reste le week-end pour cuisiner en plus grosses quantités et congeler des plats que vous ressortirez au fur et à mesure.

Dans tous les cas, après avoir cuisiné, aérez, puis installez des bougies odorantes partout dans la maison.

# Recycler les restes

Comme on a une conscience géopolitique, les « Pense aux petits Biafrais ! » (variation : « jeter c'est pécher ! ») de notre mère nous reviennent en mémoire. Notre conseil : investir dans l'excellent livre d'Antoine Herbez, ***Petits riens, grands festins – Le nouvel art d'accommoder les restes*** (Albin Michel). Vous découvrirez d'autres idées que le hachis Parmentier de votre enfance. Sachez aussi que les soupes permettent de recycler salades et herbes un peu défraîchies, fanes de radis. Les restes de poisson sont géniaux dans les quiches (sans les lardons...). Les légumes aussi.

# les salades

## LES MÉLANGES CLASSIQUES
### (PROPORTIONS À ADAPTER SELON LES GOÛTS DE CHACUN)

Pousses d'épinards, coquilles Saint-Jacques poêlées, vinaigrette (vinaigre balsamique, huile d'olive, sel, poivre du moulin).

Pousses de soja, crevettes roses décortiquées, poivron rouge, œuf dur, vinaigrette (huile de tournesol, vinaigre de vin blanc, moutarde forte de Dijon, sel, poivre du moulin).

Tomates cerises, boules de mozzarella, huile d'olive, sel, poivre du moulin, basilic frais haché. Variation de ma copine Catherine : ajouter des billes de melon.

Dés de concombre épluché, menthe fraîche ciselée, crème fraîche liquide (variation diététique : yaourt bulgare), sel, poivre du moulin.

Dés de concombre (inutile de l'éplucher), tomates cerises, feta, thym, poudre d'échalote, olives noires dénoyautées, vinaigre de vin rouge, huile d'olive, poivre du moulin.

Ébly, tomate, concombre, vinaigrette spéciale (2 cuil. à café de tapenade d'olives noires, 1 cuil. à café de vinaigre balsamique, 3 cuil. à soupe d'huile d'olive, poivre du moulin).

Champignons de Paris en lamelles, jus de citron, huile d'olive, persil plat haché, poudre d'ail, sel, poivre du moulin.

Endives, gruyère (variation : comté), noix, dés de pommes (variation : raisins secs), sel, poivre du moulin, moutarde forte de Dijon, vinaigre de vin, huile de noix.

Pousses d'épinards, gorgonzola (ou roquefort), huile d'olive, vinaigre balsamique, pignons de pin grillés, sel, poivre du moulin.

Melon, jambon de Parme.

# Les carottes confites au carvi de « Biche »

Pour 4 personnes

- 6 carottes
- 1 bouquet de coriandre fraîche
- 1 citron (jus)
- 2 cuil. à soupe d'huile d'olive
- 1 cuil. à soupe de sucre en poudre
- 1 cuil. à soupe de carvi en poudre
- 1/2 cuil. à café de harissa diluée dans 1 cuil. à café d'eau
- Sel, poivre du moulin

Cuisson : 1 h

*Éplucher les carottes,* les rincer et les couper en rondelles. Les placer dans une sauteuse.

*Recouvrir d'eau* et ajouter le jus du citron, l'huile d'olive, le sucre, le carvi, la harissa, du sel et du poivre.

*Cuire tout doucement* jusqu'à évaporation du liquide. Pendant ce temps, rincer la coriandre, ôter les tiges et ciseler les feuilles.

*Mélanger les carottes* avec la coriandre ciselée. Servir tiède (en accompagnement d'une viande) ou froid (en entrée, ou en apéro).

**Carottes confites au persil**
Supprimez le carvi et remplacez l'huile d'olive par de l'huile de noix. Ajoutez 1 cuil. à soupe de sucre. À la fin, remplacez la coriandre par du persil plat. Servez chaud en accompagnement d'une viande blanche.

VARIATIONS

**Carottes confites au cumin**
Supprimez le carvi et remplacez-le par la même quantité de cumin.

(Ça va mieux en le disant)

- En accompagnement d'une grillade ou tout simplement en entrée, ces carottes sont parfaites sous le soleil en été.

# Salade de pois chiches de Tunis

Pour 4 personnes

- 1 grosse boîte de pois chiches
- 1 citron (jus)
- 5 brins de coriandre ciselés (ou 2 cuil. à café de coriandre coupée surgelée)
- 1 cuil. à café d'ail coupé surgelé
- 3 cuil. à soupe d'huile d'olive
- 1/2 cuil. à café de harissa
- 1 cuil. à soupe de cumin en poudre
- Sel fin

Cuisson : 3 min

*Égoutter et rincer* les pois chiches. Les verser dans le saladier (en verre) de service. Recouvrir d'un film alimentaire et passer 3 min au micro-ondes à puissance maximale.

*Pendant ce temps,* préparer la sauce en mélangeant tous les ingrédients dans un bol.

*Verser la sauce* sur les pois chiches, mélanger et servir tiède ou froid.

**Salade de pommes de terre de Tunis**

VARIATION

Remplacez les pois chiches par 5 grosses (ou 10 moyennes) pommes de terre à chair ferme. Épluchez-les, rincez-les, coupez-les en gros dés et faites-les cuire dans le panier de l'autocuiseur avec 2 verres d'eau pendant 4 à 5 min dès la montée en pression. Une fois tiédies, ajoutez la même sauce, en augmentant un peu les proportions (les pommes de terre absorbent la sauce) mais en supprimant l'ail. Parfait en apéro ou en accompagnement de poisson grillé.

(Ça va mieux en le disant)

- Cette salade d'Afrique du Nord est extra en entrée ou en accompagnement d'une viande grillée, spécialement des côtes d'agneau, cuites au barbecue, l'été au soleil.

# Poivrons
## marinés

Pour 4 personnes

- 4 poivrons rouges
- 1 cuil. à café d'ail coupé surgelé
- 3 cuil. à soupe d'huile d'olive
- Fleur de sel, poivre du moulin

Cuisson : 30 min

Repos au frais : 1 h

Préchauffer le four à 210 °C (th. 7).

Rincer les poivrons entiers, les sécher puis les poser sur la lèchefrite du four recouverte de papier aluminium. Enfourner.

Au bout de 15 min, retourner les poivrons à l'aide d'une longue fourchette.

Au bout de 15 min supplémentaires, sortir les poivrons du four et les placer dans un saladier recouvert de film alimentaire. Laisser refroidir.

Peler les poivrons (en principe, la peau vient toute seule), les équeuter et ôter l'intérieur (petites graines et membranes blanches). Les couper en lanières. Les placer dans un petit récipient de service qui peut se mettre au réfrigérateur (genre terrine).

Recouvrir d'huile d'olive, ajouter l'ail, de la fleur de sel et du poivre. Remuer délicatement. Laisser mariner 1 h au frais.

Servir froid ou tiède avec du pain Poilâne grillé en entrée ou en accompagnement de viande grillée ou de jambon de Parme.

Cette recette peut se conserver plusieurs jours au réfrigérateur. Attention toutefois à sortir les poivrons du froid, au moins 15 min avant de passer à table, afin que l'huile ne soit plus figée.

# Le tarama maison de Pierre H.

Pour 4 personnes

- 1 poche d'œufs de cabillaud (200 g environ)
- 50 cl de crème fraîche épaisse
- 1 cuil. à soupe d'huile d'olive
- 1 citron (jus)

Ouvrir la poche, vider les œufs dans un récipient étroit et haut (du genre de ceux vendus avec le mixeur-batteur).

Verser le jus de citron. Commencer à battre avec le batteur.

Ajouter l'huile d'olive puis la crème fraîche, au fur et à mesure que l'on continue à battre. Quand on a fini, c'est prêt.

Servir bien frais avec des toasts et du citron.

Vu le peu de travail que cela demande, inutile de céder quand les enfants réclament ces ignob es imitations rose chimique du supermarché. C'est l'argument utilisé par Pierre lorsqu'il m'a donné la recette. Comme il disait vrai !

# La salade de poulet et d'endives à l'orange de Marion

Pour 4 personnes

- 4 blancs de poulet
- 4 belles endives
- 4 gros champignons de Paris
- 2 oranges (jus)
- 2 crottins de Chavignol
- 1 cuil. à soupe de matière grasse (margarine ou huile d'olive)
- 1 cuil. à soupe de graines de cumin
- Sel, poivre du moulin

Cuisson : 10 min

Marion, c'est la petite sœur de Delphine, ma grande amie, et la fille de Christine, mon autre grande amie. Elle invente toujours des recettes aussi simples que créatives. Voici donc son dernier coup de maître.

*Couper les blancs de poulet* en deux dans le sens de la longueur. Les faire revenir sur feu vif à la poêle dans la matière grasse. Saler, poivrer. Ajouter le cumin. Lorsqu'ils sont bien dorés, baisser le feu et laisser cuire à découvert pendant 7 à 8 min. Sortir 4 assiettes.

*Rincer rapidement les endives* sous l'eau froide. Ôter le talon à la base des feuilles et le bout des feuilles si nécessaire et les couper en quatre dans le sens de la longueur. Placer une endive par assiette.

*Rincer rapidement les champignons* sous l'eau froide, les brosser, les essuyer, couper leur pied et les émincer au-dessus de chaque assiette.

*Émincer les crottins de Chavignol* et les répartir sur chaque assiette.

*Presser* les oranges.

*Poser* 2 demi-blancs de poulet sur chaque assiette.

*Déglacer la poêle* avec le jus des oranges et verser sur chaque assiette. Servir aussitôt.

(Astuces express)

- Si vous manquez vraiment de temps, remplacez le jus des oranges pressées par un grand verre de jus d'orange acheté au rayon frais (bouteille en carton).
- Si vous êtes au régime, utilisez une poêle antiadhésive et zappez la matière grasse. Remplacez les crottins par une mini-barquette de Saint-Môret Ligne et Plaisir au chèvre (que vous servirez à la petite cuillère) ou par du chèvre allégé.

# Salade d'épinards aux crevettes

Pour 4 personnes

- 200 g de pousses d'épinards préparées en sachet
- 2 pommes granny smith
- 1 gros avocat bien mûr
- 1 citron (jus)
- 400 g de crevettes cuites décortiquées (ou l'équivalent en surgelé Picard)
- 1 Fjord
- 3 cuil. à soupe de mayonnaise
- Sel, poivre du moulin

*Couper les pommes* en quatre, les éplucher et les épépiner. Couper les quarts en petits cubes et les placer dans le saladier de service.

*Couper l'avocat* en deux, ôter le noyau et évider la chair en petites noix avec une cuillère à café au-dessus du saladier. Presser le citron au-dessus du saladier. Mélanger délicatement, pour ne pas que l'avocat se transforme en purée.

*Ajouter les crevettes* et les pousses d'épinards.

*Dans un bol,* préparer la sauce en mélangeant la mayonnaise, le Fjord, du sel, du poivre. Goûter et ne pas hésiter à rectifier l'assaisonnement. Verser sur le saladier, mélanger et servir.

**Pousses d'épinards au poulet et au curry**

VARIATION

Supprimez l'avocat, remplacez-le par 1 cuil. à soupe de raisins secs. Remplacez les crevettes par 4 blancs de poulet émincés et cuits. Ajoutez à la sauce 1 cuil. à soupe de curry en poudre.

# La salade des Balkans de Sonia

Pour 4 personnes

- 4 grosses pommes granny smith
- 400 g de petites crevettes cuites décortiquées (ou l'équivalent en surgelé Picard)
- 3 cuil. à café d'échalote surgelée
- 4 cuil. à café d'aneth coupé frais (ou surgelé)
- 20 cl de crème fraîche liquide
- Sel, poivre du moulin

Couper les pommes en quatre, les éplucher et les épépiner.

Couper les quarts de pomme en petits cubes et les placer dans le saladier de service.

Ajouter les crevettes.

Assaisonner avec le reste des ingrédients. Mélanger.

Servir aussitôt ou entreposer au frais le matin pour le soir.

Sonia, c'est ma grande amie d'origine russe. Spécialiste des blinis maison, elle a aussi inventé cette salade délicieuse et facile.

**Le truc de Dorothée**

Pour ciseler les herbes, je les mets dans un verre et je les coupe directement dedans à l'aide de ciseaux.

Pour 4 personnes

- 2 grosses pommes de terre à chair ferme (ou 4 moyennes)
- 2 grosses pommes golden
- 300 g de saumon fumé
- 3 cuil. à café d'aneth coupé frais (ou surgelé)
- 1 Fjord
- 3 cuil. à soupe de mayonnaise
- Poivre du moulin

Cuisson : 4 ou 5 min

# Salade nordique au saumon fumé

Éplucher les pommes de terre, les rincer, les couper en gros cubes. Les faire cuire à l'autocuiseur 4 ou 5 min à partir de la montée en pression. Attendre qu'elles refroidissent.

Une recette qui fait toujours plaisir lors d'un buffet de copains en été, comme en hiver.

Couper le saumon en lamelles. Les mettre dans le saladier de service.

Couper les pommes en quatre, les éplucher et les épépiner. Couper les quarts en cubes et les placer dans le saladier avec les pommes de terre et les lamelles de saumon.

Dans un bol, mélanger, la mayonnaise, le Fjord, l'aneth et du poivre. Verser dans le saladier. Mélanger et servir.

# La salade de *lentilles* aux *lardons* pour l'hiver de Papa

*Pour 4 personnes*

- ***1 grosse boîte de lentilles***
- ***200 g de lardons nature***
- ***3 cuil. à café d'échalote coupée surgelée***
- ***1 cuil. à café de moutarde forte de Dijon***
- ***1 cuil. à café de vinaigre de vin***
- ***2 cuil. à soupe d'huile neutre***
- ***Sel, poivre du moulin***

*Cuisson : 5 min*

*Rincer les lentilles* à l'eau froide, les égoutter et les verser dans un saladier.

*Faire rissoler les lardons* dans une poêle bien chaude, sans matière grasse, jusqu'à ce qu'ils soient dorés.

*Égoutter* les lardons avant de les mettre dans le saladier de lentilles, puis ajouter l'échalote.

*Préparer une vinaigrette* bien forte : mélanger la moutarde, du sel, du poivre, le vinaigre et l'huile. Verser sur le saladier, mélanger et servir.

VARIATION

Si vous avez très faim, vous pouvez ajouter 150 g de cantal coupé en dés.

*(Ça va mieux en le disant)*

- Si vous avez des enfants, vérifiez qu'ils aiment les échalotes avant de les verser dans le saladier. S'ils n'aiment pas, servez les échalotes à part.

# Saucisse de Morteau, pommes à l'huile

Pour 4 personnes

- 1 kg de pommes de terre roseval
- 1 grosse saucisse de Morteau
- 4 cuil. à café d'échalote coupée surgelée
- 1/2 botte de ciboulette (ou 4 cuil. à café de ciboulette coupée surgelée)
- 1 verre de vin blanc sec
- 4 cuil. à soupe de vinaigre de xérès
- 10 cl d'huile de tournesol
- Poivre du moulin

Cuisson : 15 min

*Faire cuire la saucisse de Morteau* à l'autocuiseur dans un mélange de vin blanc et d'eau (qui doit la recouvrir), durant 10 min à compter de la montée en pression.

*Pendant ce temps,* éplucher, rincer, couper en cubes les pommes de terre. Quand la saucisse est prête, faire cuire les pommes de terre à l'autocuiseur 4 ou 5 min à partir de la montée en pression.

*Placer les échalotes et le vinaigre* de xérès dans un bol. Recouvrir d'un film alimentaire et placer au micro-ondes pendant 5 min (puissance maximale). Ajouter l'huile hors du feu et donner 2 tours de moulin à poivre. Mélanger.

*Éplucher la saucisse* de Morteau et la couper en rondelles, puis en cubes et les placer dans le saladier de service.

*Ajouter les cubes de pommes de terre* cuites dans le saladier et la ciboulette. Verser la sauce. Mélanger délicatement pour éviter que les pommes de terre ne s'écrasent.

*Servir aussitôt,* cette salade est meilleure tiède.

**Salade de pommes de terre au saumon fumé ou aux harengs**

VARIATION

Remplacez la saucisse de Morteau par 1 tranche de saumon fumé par personne ou 1 bocal de harengs à l'huile égouttés, et le vinaigre par 2 cuil. à soupe de jus de citron.

**Astuces express**

- N'hésitez pas à ajouter de l'huile et du vinaigre si vous constatez que les pommes de terre absorbent trop la sauce.
- Si vous êtes à 5 min près, zappez l'étape micro-ondes pour les échalotes.
- Si vous avez des enfants, vérifiez qu'ils aiment les échalotes avant de les inclure. S'ils n'aiment pas, servez les échalotes à part.

# La salade de *penne* au *pistou* de Hervé

*Faire cuire les penne* dans une grande casserole d'eau bouillante salée. Arrêter la cuisson 1 min avant le temps qui est indiqué sur le paquet, égoutter. Ainsi, vos pâtes seront vraiment *al dente*.

*Les placer* dans le saladier de service et ajouter la sauce au pistou. Bien mélanger. Rallonger au besoin la sauce avec de l'huile d'olive.

*Ajouter les tomates cerises* rincées et séchées ainsi que les billes de mozzarella égouttées. Saler et poivrer. Mélanger et servir. Le contraste du chaud (des pâtes) et du froid (des tomates, de la sauce et de la mozzarella) est très bon.

### Pour 4 personnes

- *500 g de penne*
- *250 g de tomates cerises*
- *250 g de billes de mozzarella de bufflonne*
- *1/2 bocal de sauce au pistou (***Pesto alla Ligure** *de Sacla ou* **Pesto alla Genovese** *de Barilla) soit environ 100 g*
- *Huile d'olive (éventuellement, pour rallonger la sauce)*
- *Sel, poivre du moulin*

*Cuisson : 8 min*

### VARIATION

Cette recette de mon homme est délicieuse avec les pâtes chaudes et la mozzarella fondante. Dans ce cas, arrêtez la cuisson des pâtes 2 min avant ce qui est indiqué sur le paquet. Égouttez-les. Remettez les pâtes dans la casserole de cuisson avec la sauce au pistou et la mozzarella. Remuez sur feu doux pendant 3 min. Ajoutez les tomates cerises juste avant de servir.

### (Ça va mieux en le disant)

- Pour accompagner, du jambon de Parme, c'est un délice.
- Si vous aimez beaucoup la sauce au pistou, n'hésitez pas à en ajouter jusqu'à obtenir la saveur désirée.

# La salade de pâtes aux aubergines et tomates confites de « Biche »

Pour 4 personnes

- 500 g de pâtes courtes (penne, macaroni, farfalle...)
- 1 petit bocal d'aubergines grillées (Sacla)
- 1/2 bocal de tomates confites (Sacla)
- 125 g de lamelles de jambon de Parme
- 3 cuil. à soupe d'huile d'olive
- 1 cuil. à soupe de vinaigre balsamique
- 1 cuil. à café de tapenade d'olives noires

Cuisson : 10 min

*Faire cuire les pâtes* dans une grande casserole d'eau bouillante salée.

*Arrêter la cuisson* 1 min avant le temps qui est indiqué sur le paquet et rincer à l'eau froide. Ainsi, vos pâtes seront vraiment *al dente*.

*Les placer* dans le saladier de service.

*Ajouter les aubergines,* les tomates égouttées et recoupées en deux, ainsi que les lamelles de jambon de Parme. Bien mélanger avec une vinaigrette faite de tapenade, de vinaigre balsamique et d'huile d'olive.

*Servir* aussitôt.

« Biche »
c'est m
tante préféré
Celle dont je d
toujours que
nous n'étions pa
parentes, nou
nous serion
choisie
comm
amies

**Le truc de Mathilde**

*Je n'ai pas de micro-ondes : alors pour limiter l'odeur de cuisson du chou-fleur, j'ajoute 1 gros morceau de pain à l'eau de cuisson.*

# les soupes

# Velouté de courgette à l'estragon

Pour 4 personnes

- 5 courgettes
- 3 brins d'estragon
- 2 cubes de bouillon de volaille
- 5 portions de fromage fondu (La vache qui rit) ou 2 beaux chèvres frais
- Poivre du moulin

Cuisson : 5 min

Laver les courgettes, les peler une bande sur deux (ou pas du tout si on n'a pas le temps, à condition qu'elles soient très fraîches, sinon, elles seraient amères), les couper en gros tronçons et les faire cuire à l'autocuiseur 5 min à compter de la montée en pression, avec les cubes de bouillon et 1,5 litre d'eau.

Mixer le tout (directement dans l'autocuiseur) avec le fromage et parsemer d'estragon ciselé. Poivrer.

Servir aussitôt.

VARIATION

Si vous êtes au régime, remplacez les 5 portions de Vache qui rit par 5 portions allégées ou par 1 barquette entière de Saint-Môret Ligne et Plaisir (125 g).

Mon mari – élevé pourtant dans le Midi – hait les courgettes. Haine qu'il a bien sûr transmise aux enfants... Heureusement, ce velouté existe ! Ou comment réconcilier une famille entière avec un légume honni.

(Astuce express)

- Si vous ne trouvez pas d'estragon frais, vous pouvez utiliser de l'estragon surgelé. Ou vous en passer carrément : d'ailleurs, les enfants préfèrent car c'est plus doux...

# Velouté de chou-fleur

Pour 4 personnes

- 1 chou-fleur (ou 1 kg de chou-fleur en fleurettes surgelées, Picard)
- 1 grosse pomme de terre bintje
- 1/2 botte de ciboulette (ou 4 cuil. à café de ciboulette coupée surgelée)
- 3 cubes de bouillon de volaille
- 20 cl de crème fraîche liquide
- 1 cuil. à café de paprika
- Poivre du moulin

Cuisson : 6 min

*Rincer le chou-fleur* sous l'eau froide, le couper et le déposer en morceaux dans l'autocuiseur. Ajouter la pomme de terre épluchée et coupée en cubes, 1,5 litre d'eau et les cubes de bouillon.

*Faire cuire* 6 min à compter de la montée en pression.

*Mixer* avec la crème fraîche, du poivre et le paprika directement dans l'autocuiseur. Parsemer de ciboulette ciselée et servir.

**Velouté de brocoli**

Remplacez le chou-fleur par la même quantité de brocolis et le paprika par 1 cuil. à café d'ail coupé surgelé. Supprimez la ciboulette.

VARIATION

Vous pouvez servir avec des filets de haddock fumé émincés : passez les filets de haddock fumé sous l'eau froide pour les dessaler, puis faites-les cuire (2 min après l'ébullition) dans un mélange moitié lait et moitié eau avant de les rincer sous l'eau froide et de les essuyer avec du papier absorbant.

# Velouté au poulet

*Pour 4 personnes*

- 3 blancs de poulet coupés en aiguillettes
- 1 poireau (ou 4 grosses cuil. à soupe de poireaux en rondelles surgelés)
- 2 grosses pommes de terre pour la soupe (ou 4 moyennes)
- 2 cuil. à café d'ail coupé surgelé
- 4 cuil. à café d'oignon coupé surgelé
- 2 cuil. à café de persil haché surgelé
- 3 cubes de bouillon de volaille
- 20 cl de crème fraîche liquide
- Poivre du moulin

*Cuisson : 10 min*

Voilà un dîner complet pour l'hiver. Après cela, un morceau de fromage, un fruit et hop, au lit !

*Faire chauffer* 1,5 litre d'eau (dans la bouilloire électrique, c'est le mieux).

*Couper le poireau en deux* dans le sens de la longueur après avoir supprimé le talon et la majeure partie du vert. Bien rincer sous l'eau pour enlever la terre éventuelle. Recouper en tronçons.

*Éplucher, rincer et couper* en cubes les pommes de terre.

*Couper les blancs de poulet* en aiguillettes si ce n'est déjà fait.

*Placer* tous ces ingrédients dans l'autocuiseur avec l'eau bouillante, ajouter l'ail, l'oignon et les cubes de bouillon.

*Faire cuire* 10 min à compter de la montée en pression.

*Bien mixer* avec la crème fraîche et le persil directement dans l'autocuiseur. Si c'est un peu trop épais, mixer à nouveau en ajoutant un peu d'eau chaude. Poivrer au moulin.

*Servir* chaud.

# Le bon vieux velouté de légumes

Pour 4 personnes

- 3 poireaux
- 4 carottes
- 1 branche de céleri
- 4 pommes de terre pour la soupe
- 2 petits navets
- 3 cubes de bouillon de pot-au-feu
- 3 grosses cuil. à soupe de crème fraîche épaisse
- Poivre du moulin

Cuisson : 10 min

*Couper les poireaux en deux* dans le sens de la longueur après avoir supprimé le talon et la majeure partie du vert. Bien rincer sous l'eau pour enlever la terre éventuelle. Recouper en tronçons et placer dans l'autocuiseur. Faire de même avec la branche de céleri.

*Éplucher*, couper en morceaux puis rincer les carottes, les pommes de terre et les navets. Placer dans l'autocuiseur.

*Ajouter* 1,5 litre d'eau et les cubes de bouillon.

*Faire cuire* 10 min à compter de la montée en pression.

*Mixer avec la crème fraîche* directement dans l'autocuiseur. Poivrer au moulin. Servir.

**Astuce récup**

- Vous pouvez ajouter aux légumes composant cette soupe : un reste de salade ou des fanes de radis.

Pour 4 personnes

- *1 kg de potiron*
- *2 pommes de terre bintje*
- *8 tranches de bacon*
- *25 cl de lait demi-écrémé*
- *20 cl de crème fraîche liquide*
- *10 g de matière grasse (beurre ou margarine)*
- *2 cubes de bouillon de volaille*
- *Poivre du moulin*

Cuisson : 10 min

# Le velouté de potiron au bacon de Monika

Enlever l'écorce du potiron, puis couper la chair en morceaux.

Éplucher, rincer, puis couper les pommes de terre en morceaux.

Placer potiron et pommes de terre dans l'autocuiseur avec le lait et 25 cl d'eau. Ajouter les cubes de bouillon.

Faire cuire 10 min à compter de la montée en pression.

Pendant ce temps, faire rissoler les tranches de bacon dans une poêle avec la matière grasse.

Après l'ouverture de l'autocuiseur, il est normal que le lait ait une drôle d'allure du fait qu'il ait bouilli. Mixer le contenu de l'autocuiseur avec la crème fraîche en plongeant le mixeur directement dedans. Poivrer au moulin.

Servir avec 2 tranches de bacon par assiette.

Mon fils Marc a beau ne pas aimer les légumes, il fait parfois quelques exceptions. En voici une.

• Vous pouvez augmenter la quantité de potiron et diminuer celle des pommes de terre. Dans ce cas, le velouté sera plus liquide.

VARIATIONS

• Vous pouvez vous passer du bacon. Dans ce cas, mixez le contenu de l'autocuiseur avec 3 cuil. à café de gingembre en poudre en plus de la crème fraîche.

• Vous pouvez remplacer le potiron par du potimarron. Dans ce cas, inutile d'éplucher le potimarron après l'avoir vidé et supprimez les pommes de terre. En effet, le potimarron est plus épais que le potiron.

# Velouté de carotte à la coriandre

Pour 4 personnes

- 1 kg de carottes
- 2 cuil. à café d'ail coupé surgelé
- 2 cuil. à café de coriandre en grains (ou 4 cuil. à café de coriandre fraîche ou surgelée)
- 3 cubes de bouillon de volaille
- 3 grosses cuil. à soupe de crème fraîche épaisse
- Poivre du moulin

Cuisson : 5 min

Éplucher les carottes, les rincer et les couper en rondelles. Les mettre dans l'autocuiseur avec l'ail, les cubes de bouillon et 1,5 litre d'eau.

Faire cuire 5 min après la montée en pression.

Mixer directement dans l'autocuiseur avec la coriandre et la crème fraîche. Poivrer au moulin.

Servir.

VARIATIONS

• Vous pouvez remplacer la coriandre par 2 cuil. à café de graines de cumin ou de baies roses.

• Et si vous êtes vraiment très pressé, vous pouvez zapper la corvée épluchage-découpage en remplaçant les carottes par 1 kg de carottes coupées surgelées.

Pour 4 personnes

- 1 kg d'épinards hachés surgelés
- 3 cuil. à café d'ail coupé surgelé
- 3 cubes de bouillon de volaille
- 3 cuil. à café de graines de cumin
- 3 grosses cuil. à soupe de crème fraîche épaisse
- 2 cuil. à soupe d'huile d'olive
- Poivre du moulin

Cuisson : 10 min

# Le velouté d'épinard au cumin de Marianne

Faire bouillir 1,5 litre d'eau (dans la bouilloire électrique, c'est le mieux).

Faire revenir l'ail et le cumin avec l'huile d'olive quelques instants dans l'autocuiseur. Ajouter les épinards, l'eau bouillante avec les cubes de bouillon. Mélanger.

Faire cuire 5 min après la montée en pression.

Mixer directement dans l'autocuiseur avec la crème fraîche. Poivrer au moulin. Servir.

Marianne est comme nous toutes. Elle veut tout réussir : sa famille, sa carrière, son couple. Et même le velouté d'épinard... Il faut reconnaître qu'elle excelle en tout !

**Le truc de Delphine**

Comme je surveille ma ligne, je remplace toujours la crème allégée par du yaourt brassé à 0 % de matière grasse.

# Velouté d'asperge verte au crabe

Pour 4 personnes

- *600 g d'asperges vertes surgelées (Picard)*
- *1 boîte de crabe (220 g)*
- *3 cubes de bouillon de volaille*
- *20 cl de crème fraîche liquide*
- *Poivre du moulin*

Cuisson : 5 min

*Faire cuire les asperges* à l'autocuiseur dans 1,5 litre d'eau avec les cubes de bouillon, pendant 5 min après la montée en pression.

*Pendant ce temps,* ouvrir la boîte de crabe et ôter les cartilages.

*Mixer directement dans l'autocuiseur* avec la crème fraîche et le crabe. Poivrer au moulin. Servir.

## (Ça va mieux en le disant)

- Ce velouté est si fin que vous pouvez le servir aussi pour un dîner chic, à condition de soigner la présentation dans des coupelles en verre, par exemple.

# Velouté de petit pois aux lardons

Pour 4 personnes

- 1 kg de petits pois surgelés
- 2 cubes de bouillon de volaille
- 200 g de lardons nature
- 20 cl de crème fraîche liquide allégée
- Poivre du moulin

Cuisson : 5 min

Faire cuire les petits pois à l'autocuiseur avec 1 litre d'eau et les cubes de bouillon, durant 5 min à compter de la montée en pression.

Pendant ce temps, faire revenir les lardons dans une poêle sans matière grasse. Les égoutter.

Mixer le contenu de l'autocuiseur avec la crème fraîche. Poivrer au moulin. Servir avec les lardons déposés par-dessus.

- Vous pouvez remplacer les lardons par des lamelles de saumon frais revenues dans une poêle avec de l'huile d'olive et du citron.

VARIATIONS

- Vous pouvez remplacer les petits pois par 1 grosse boîte de lentilles au naturel.

# Velouté de champignon

Pour 4 personnes

- *1 kg de champignons de Paris émincés surgelés*
- *2 grosses pommes de terre bintje (ou 4 petites)*
- *1 citron (jus)*
- *4 cuil. à café de persil haché surgelé*
- *3 cubes de bouillon de volaille*
- *40 g de beurre*
- *20 cl de crème fraîche épaisse*
- *1 jaune d'œuf*
- *Poivre du moulin*

Cuisson : 15 min

*Faire revenir les champignons* avec le beurre dans l'autocuiseur. Ajouter le jus de citron et le persil. Fermer l'autocuiseur. Attendre 5 min après la montée en pression.

*Pendant ce temps,* faire bouillir 1 litre d'eau (dans une bouilloire électrique, c'est le mieux). Peler les pommes de terre, les rincer et les couper en cubes.

*Mixer le contenu de l'autocuiseur* et ajouter l'eau bouillante, les cubes de bouillon et les pommes de terre. Refermer l'autocuiseur et compter encore 10 min à compter de la montée en pression.

*Pendant ce temps, mélanger le jaune* d'œuf dans le pot de crème fraîche.

*Mixer le contenu de l'autocuiseur avec* la crème à l'œuf. Poivrer au moulin. Servir.

Vous pouvez remplacer les champignons par une botte de cresson.

VARIATION

Et si vous disposez de quelques minutes de plus, par des champignons frais.

De toutes mes soupes, celle-ci est la préférée de Charles, mon fils aîné.

(Ça va mieux en le disant)

- Si vous êtes amené à réchauffer ce potage, attention à le faire sur feu doux sans faire bouillir.

# Le *gaspacho express* de Marlène

Pour 4 personnes

- 4 belles tomates bien mûres
- 1/2 concombre
- 1/2 poivron vert
- 1 cuil. à soupe d'oignon coupé surgelé
- 1 cuil. à café d'ail coupé surgelé
- 3 grandes tranches de pain de mie émietté dont on aura ôté la croûte
- 1/2 verre d'eau froide
- 2 cuil. à soupe de vinaigre de xérès
- 2 cuil. à soupe de vinaigre de vin blanc
- 4 cuil. à soupe d'huile d'olive
- Sel, poivre du moulin

*Éplucher, épépiner et couper* le demi-concombre. Couper en morceaux les tomates et les épépiner. Faire de même avec le poivron.

*Placer le tout* dans un saladier avec le reste des ingrédients. Mixer directement dans le saladier, puis passer au chinois ou à la moulinette.

*L'idéal est de laisser macérer* ce gaspacho toute la journée au frais.

- Si vous êtes vraiment très pressé, vous pouvez zapper la phase filtrage (au chinois), mais vous sentirez les petits morceaux de légumes (et de peau...) sous la dent.

VARIATIONS

- Pour un dîner chic, n'oubliez pas de placer sur la table des petits bols garnis de dés de tomate fraîche et de concombre, ainsi que des mini-croûtons.

(Ça va mieux en le disant)

- Marlène, c'est ma belle-mère de Marseille. Elle confectionne cette entrée du soleil comme personne. D'après elle, mieux vaut préparer ce gaspacho le matin pour le soir. Mais il peut aussi se consommer dès qu'il est fait.

# Velouté glacé de poivron

Pour 4 personnes

- 500 g de poivrons rouges
- 1 cuil. à café de jus de citron
- 2 cubes de bouillon de volaille
- 3 cuil. à café de gingembre coupé surgelé
- 1 cuil. à café de thym coupé surgelé
- 2 cuil. à soupe d'huile d'olive
- 20 cl de crème fraîche
- Sel, poivre du moulin

Cuisson : 15 min

## LE MATIN AVANT DE PARTIR

*Faire chauffer* 1 litre d'eau bouillante (à la bouilloire électrique, c'est le mieux).

*Rincer les poivrons entiers*, les essuyer, les couper en deux, puis les épépiner et les couper en dés.

*Les faire revenir* dans l'huile d'olive dans l'autocuiseur pendant 5 min. Ajouter l'eau bouillante, les cubes de bouillon, le gingembre et le thym. Faire cuire 10 min, à compter de la montée en pression. Mixer, passer au chinois, laisser refroidir et placer au frais.

## LE SOIR

*Mixer à nouveau* avec la crème et le jus de citron. Goûter pour vérifier que c'est assez salé et ne pas hésiter à rajouter du sel.

*Servir* après avoir donné 3 tours de moulin à poivre.

### VARIATIONS

- Pour un dîner chic, servez ce velouté dans des coupelles ou des mugs en verre et ajoutez 1 trait d'huile d'olive et 1 tour de moulin à poivre ainsi que des petits dés de mozzarella de bufflonne. Accompagné d'une fougasse aux olives (tiédie quelques minutes au four), c'est un délice.
- Si vous êtes au régime, remplacez la crème par 2 yaourts nature veloutés.

### Astuce express

- Remplacez les poivrons frais par 1 sachet de poivrons rouge et vert en dés surgelés de chez Picard. Dans ce cas, zappez la phase numéro deux de la recette.

Pour 4 personnes

- 500 g de concombre
- 2 cuil. à café d'ail coupé surgelé
- 2 citrons (jus)
- 4 tiges de menthe fraîche (ou 4 cuil. à café de menthe coupée surgelée)
- 3 yaourts à la grecque
- 20 cl de crème fraîche liquide
- Sel, poivre du moulin

# Velouté glacé de concombre

## LE MATIN AVANT DE PARTIR

*S'assurer* que tous les ingrédients sont au frais.

## LE SOIR

*Peler les concombres*, les couper en deux dans le sens de la longueur, les évider et les couper en tronçons dans le bol du mixeur.

*Rincer la menthe fraîche* et ôter les feuilles des tiges. Les ajouter avec les autres ingrédients dans le bol du mixeur.

*Mixer*. Goûter pour vérifier que c'est assez salé et ne pas hésiter à rajouter du sel et du poivre.

*Servir*.

VARIATION

Pour un dîner chic, servez dans des coupelles ou des mugs en verre et ajoutez 1 tour de moulin à poivre et 1 feuille de menthe fraîche.

# Le velouté d'avocat au pamplemousse de Claire

## Pour 4 personnes

- *4 avocats*
- *75 cl de pur jus de pamplemousse rose pressé (Andros, bouteille en verre, au rayon frais)*
- *5 gouttes de Tabasco*
- *1 cuil. à café de jus de citron*
- *Sel fin*

*Éplucher les avocats,* les dénoyauter et mettre la pulpe dans le bol du mixeur ou dans un saladier si vous disposez d'un mixeur à pied.

*Mixer* avec l'ensemble des ingrédients. Goûter pour vérifier que c'est assez salé et pimenté et ne pas hésiter à rajouter du sel et du Tabasco.

*Servir aussitôt* pour éviter que le velouté ne noircisse.

VARIATION

Pour un dîner chic, servez dans des coupelles en verre et ajoutez 1 tour de moulin à poivre et 1 cuil. à soupe de miettes de crabe ou quelques crevettes décortiquées.

(Ça va mieux en le disant)

- Plus simple, il n'y a pas. Le résultat est aussi surprenant que rafraîchissant. Rien d'étonnant venant de mon amie Claire, rafraîchissante elle aussi.

# Velouté *frais* de *courgette*

*Pour 4 personnes*

- **1 kg de jeunes courgettes**
- **1/2 boîte de tomates concassées**
- **10 feuilles de basilic (ou 3 cuil. à café de basilic coupé surgelé)**
- **4 cuil. à café d'ail coupé surgelé**
- **3 cuil. à soupe d'huile d'olive**
- **4 gouttes de Tabasco**
- **Sel fin**

*Cuisson : 20 min*

LE MATIN AVANT DE PARTIR

*Remplir* une grande casserole de 75 cl d'eau froide. Ajouter les tomates concassées, l'ail, le basilic, 2 grosses pincées de sel et l'huile. Porter à ébullition.

*Rincer les courgettes*, les couper en cubes et les ajouter dans la casserole. Couvrir, baisser le feu et attendre 20 min.

*Mixer*. Laisser refroidir puis placer au frais.

LE SOIR

*Ajouter* 4 gouttes de Tabasco, mélanger et servir bien frais.

VARIATION

Pour un dîner chic, servez ce velouté dans des coupelles en verre en ajoutant un filet d'huile d'olive et 2 cuil. à café par personne de dés de tomate (les « Cubes de tomate à l'italienne » de Picard, sont parfaits...).

# La soupe de melon de Catherine

Pour 4 personnes

- 2 beaux melons bien mûrs
- 8 feuilles de menthe (ou 3 cuil. à café de menthe coupée surgelée)
- 1 verre de vin blanc liquoreux (sauternes ou muscat)
- Sel, poivre du moulin

S'assurer que tous les ingrédients sont au frais.

Couper les melons, les épépiner et ôter la chair. La mixer dans un saladier, avec le vin blanc. Saler, poivrer. Ciseler la menthe, l'ajouter aux melons. Goûter et ne pas hésiter à rajouter du sel et du poivre.

Servir glacé.

Catherine, c'est ma copine de *ELLE*, ultradouée en tout, y compris en cuisine. Un soir d'été où il faisait une chaleur à crever, je l'ai appelée en urgence pour lui demander avec quoi mixer les beaux melons dont je disposais pour obtenir une petite soupe rafraîchissante ? Évidemment, elle savait.

**Le truc de Marie**

Pour conserver les herbes fraîches le plus longtemps possible, je les lave, je les équeute et je les enferme dans un Tupperware. Elles tiennent ainsi une semaine.

# les viandes

# L'émincé de poulet sauce exotique d'Isa

Pour 4 personnes

- 4 blancs de poulet coupés en aiguillettes
- 20 cl de crème fraîche liquide ou de lait de coco
- 2 cuil. à soupe d'oignon coupé surgelé
- 1 cuil. à soupe d'amandes effilées
- 2 cuil. à soupe de raisins secs
- 1 cube de bouillon aux épices (Maggi)
- 1 cuil. à café de curry
- 2 cuil. à soupe d'huile d'olive
- Sel, poivre du moulin

Pour accompagner :
- 250 g de riz basmati cru

Cuisson : 20 à 25 min

Il y a les copines qui gardent leurs bons plans pour elles. Et puis les autres, les généreuses, qui n'hésitent pas une minute à rendre service aux amies. Isabelle S. fait incontestablement partie des secondes. Voici l'une de ses recettes, déclinable à l'infini.

*Dans une sauteuse,* faire chauffer l'huile d'olive et y faire revenir l'oignon surgelé, réserver.

*Dans la même sauteuse,* faire revenir les aiguillettes de blancs de poulet jusqu'à ce qu'elles prennent une belle couleur dorée. Ajouter l'oignon, les amandes effilées, les raisins secs, le curry, le cube de bouillon dilué dans 1 verre d'eau chaude, du sel, du poivre. Couvrir et laisser cuire 15 à 20 min à feu moyen.

*Pendant ce temps,* faire cuire le riz basmati. Plonger les 250 g de riz cru dans le double d'eau bouillante. Remuer et cuire à petit feu pendant 10 à 12 min après la reprise de l'ébullition. Égoutter.

*Avant de servir,* lier la sauce du poulet avec la crème fraîche liquide (ou le lait de coco). Attendre que la sauce soit bien chaude pour servir.

*Servir* avec le riz basmati.

**LE SUPER PLAN DES JOURS DE SPEED**
Le basmati déjà cuit de Uncle Ben's. Il suffit d'ouvrir le paquet, de passer 2 min au micro-ondes, et c'est prêt !

(Ça va mieux en le disant)

- Vous pouvez remplacer le poulet par des blancs de dinde.

VARIATIONS

# L'émincé de *poulet* …

*… chasseur.* Quand les aiguillettes sont bien dorées, ajoutez 450 g de champignons de Paris miniatures surgelés (Picard) et 1 cube de bouillon de volaille émietté, poivrez. Laissez cuire à découvert pendant 15 min à feu moyen. Avant de servir, liez la sauce avec 20 cl de crème fraîche liquide.

*… à l'estragon.* Suivez la recette de l'émincé de poulet chasseur en remplaçant les champignons par 3 cuil. à soupe d'estragon coupé surgelé. Et diluez le cube de bouillon de volaille dans 1 verre d'eau chaude avant de l'ajouter à la préparation.

*… au basilic.* Suivez la recette de l'émincé de poulet chasseur en remplaçant les champignons par 3 cuil. à soupe de basilic coupé surgelé. Et diluez le cube de bouillon de volaille dans 1 verre d'eau chaude avant de l'ajouter à la préparation.

*… aux tomates confites.* Quand les aiguillettes sont bien dorées, ajoutez 1 cuil. à café d'ail coupé surgelé, 1 cuil. à café de cumin en poudre, 1 cuil. à café de piment en poudre, 1 cube de bouillon de volaille dilué dans 1 verre d'eau chaude, du poivre. Faites cuire à feu moyen pendant 10 min, en retournant souvent. Ajoutez ensuite 8 tomates confites (en bocal) et laissez encore cuire 5 min en remuant souvent. Avant de servir, ajoutez 4 brins de coriandre fraîche ciselés ou 2 cuil. à café de coriandre coupée surgelée.

*… aux olives vertes.* Quand les aiguillettes sont bien dorées, ajoutez 1 cuil. à café d'ail coupé surgelé, 1 cuil à café de sauge en poudre, du poivre, 1 cube de bouillon de volaille émietté et 1 verre de vin blanc sec. Dès l'ébullition, laissez cuire 10 à 15 min à découvert, à feu moyen. 5 min avant de servir, ajoutez 1 bocal d'olives vertes dénoyautées (160 g net égoutté).

# Les filets mignon de porc à la moutarde des deux Isa

Pour 4 personnes

- *2 filets mignon de porc*
- *500 g de petites pommes de terre ratte*
- *2 cuil. à soupe d'oignon coupé surgelé*
- *1 cuil. à café d'ail coupé surgelé*
- *1 cuil. à café de thym coupé surgelé*
- *3 cuil. à soupe de moutarde à l'ancienne*
- *2 verres de vin blanc sec*
- *1 cube de bouillon de volaille*
- *2 cuil. à soupe d'huile d'olive*
- *Sel, poivre du moulin*

Cuisson : 25 min

Nettoyer les pommes de terre sans les éplucher. Badigeonner les filets mignon de moutarde à l'ancienne.

Dans l'autocuiseur, faire chauffer l'huile d'olive et y faire revenir l'oignon surgelé, réserver.

Dans le même autocuiseur, faire revenir les filets mignon. Quand ils sont bien dorés, ajouter l'oignon, l'ail, le thym, le cube de bouillon et le vin blanc. Saler et poivrer. Fermer.

Laisser cuire 10 min à compter de la montée en pression. Évacuer la vapeur, ouvrir l'autocuiseur, disposer les pommes de terre autour de la viande, refermer l'autocuiseur, remonter en pression et compter encore 10 min de cuisson.

Servir.

Encore un bon plan d'Isabelle la généreuse qu'elle partage avec une autre amie qui porte le même prénom qu'elle !

VARIATIONS

**Filets mignon à la tomate**
Remplacez la moutarde et les pommes de terre par 5 tomates coupées en quarts et épépinées.

**Lapin à la moutarde express**
Remplacez le filet mignon par 1 kg de râbles de lapin. Et à la fin de la cuisson, liez la sauce avec 25 cl de crème fraîche épaisse. Servez aussitôt.

# Les boulettes de bœuf à la menthe d'Akila

Pour 4 personnes

- *500 g de steak haché*
- *1 œuf*
- *15 cl de lait*
- *1 tranche de pain de mie*
- *2 cuil. à soupe de farine*
- *5 cuil. à soupe de menthe fraîche ciselée (ou l'équivalent surgelée)*
- *3 cuil. à soupe d'huile d'olive*
- *Sel, poivre du moulin*

Pour accompagner :

- *320 g (2 verres) de graine de couscous moyen*
- *1 cuil. à soupe d'huile d'olive*
- *10 g de beurre*

Cuisson : 10 min

*Faire tremper* la mie du pain dans le lait, puis l'essorer à la main.

*Dans un saladier*, la mélanger avec la viande hachée, l'œuf, la menthe, du sel et du poivre.

*Former des boulettes* avec les doigts, puis les rouler dans la farine.

*Faire chauffer* l'huile d'olive dans une poêle. Quand celle-ci est bien chaude, y faire cuire les boulettes pendant environ 10 min en les retournant régulièrement pour qu'elles soient dorées sur toutes leurs faces.

*Pendant ce temps*, porter à ébullition 2 verres d'eau salée et l'huile d'olive dans une sauteuse (ou dans un saladier au micro-ondes, puissance maximale). Ajouter hors du feu le couscous et laisser gonfler 4 min tout en remuant. Ajouter le beurre et remettre 3 à 4 min sur feu doux (ou 1 min au micro-ondes).

*Servir* les boulettes avec le couscous.

Mon petit Tom âgé de 5 ans est fou de cette recette inventée par sa nouvelle nounou.

## VARIATIONS

• Vous pouvez remplacer la menthe par 1 cuil. à café de cumin en poudre et 3 cuil. à soupe de coriandre fraîche ciselée (ou l'équivalent surgelé).

• Vous pouvez remplacer le bœuf par 500 g de porc haché (épaule, échine) et le mélanger avec 2 cuil. à soupe de menthe ciselée, 2 cuil. à soupe de coriandre ciselée (ou l'équivalent surgelé) et 1 cuil. à café de mélange 4-épices. Dans ce cas, augmentez le temps de cuisson de 5 à 10 min.

**Le super plan des jours de speed**

Le couscous parfumé aux épices du monde de Tipiak, prêt en 5 min chrono : versez 250 g de graine dans un saladier, ajoutez 30 cl d'eau bouillante et 1 cuil. à soupe d'huile d'olive. Couvrez d'une assiette et laissez gonfler 5 min. Égrenez à la fourchette et servez immédiatement.

## (Ça va mieux en le disant)

• Vous pouvez remplacer la viande hachée par un mélange de reste de viandes (rouge ou blanche).

# Le curry d'agneau express de Jean-François

*Pour 4 personnes*

- *1 kg d'épaule d'agneau dégraissée et coupée en cubes*
- *2 cuil. à café d'ail coupé surgelé*
- *3 cuil. à soupe d'oignon coupé surgelé*
- *1 boîte de tomates concassées (400 g)*
- *1 belle cuil. à soupe de pâte de curry douce (Sharwood's ou Albert Ménès)*
- *2 clous de girofle*
- *40 cl de lait de coco*
- *2 cuil. à soupe d'huile d'arachide*
- *20 g de beurre*
- *Sel fin*

Pour accompagner :

- *250 g de riz basmati*
- *1 pot de chutney de mangue*

*Cuisson : 1 h 35*

*Dans une cocotte en fonte,* faire revenir sur feu vif, dans l'huile d'arachide et le beurre, l'oignon, l'ail et les clous de girofle. Ajouter la pâte de curry, mélanger pendant 1 min.

*Ajouter* les cubes d'agneau. Quand ils sont bien dorés, ajouter le lait de coco, la pulpe de tomate et du sel. Goûter et ne pas hésiter à rectifier l'assaisonnement si cela manque de sel ou de pâte de curry.

*Couvrir et laisser mijoter* à feu doux durant 1 h 30. Encore mieux, si votre cocotte va au four, enfourner pour 1 h 30 de cuisson à 180 °C (th. 6).

*Pendant ce temps,* faire cuire le riz basmati. Plonger les 250 g de riz dans le double d'eau bouillante. Remuer et cuire à petit feu pendant 10 à 12 min après reprise de l'ébullition. Égoutter.

*Si, au bout de 1 h 30,* la sauce du curry est trop liquide, poursuivre la cuisson quelques minutes à découvert.

*Servir* avec le riz basmati et du chutney de mangue.

### VARIATION

Vous pouvez remplacer l'agneau par du blanc de poulet. Dans ce cas, réduisez le temps de cuisson à 20 min.

**Le super plan des jours de speed**

Le basmati déjà cuit de Uncle Ben's. Il suffit d'ouvrir le paquet, de le passer 2 min au micro-ondes, et c'est prêt.

Ce classique de mon oncle fait toujours plaisir à tout le monde, à la famille, mais aussi aux copains.

### (Ça va mieux en le disant)

- Doublez les proportions et congelez-en la moitié.
- Pour un dîner chic, placez sur la table des petites coupelles de cubes de mangue fraîche, de rondelles de bananes, de la noix de coco râpée, des noix de cajou. N'oubliez pas le chutney et les achards de légumes.

# Le poulet tandoori aux pommes de Marlène

Pour 4 personnes

- 4 blancs de poulet
- 4 pommes
- 1 citron (jus)
- 1 cuil. à soupe de pâte tandoori
- 2 cuil. à soupe d'huile d'olive
- Sel, poivre du moulin

Cuisson : 15 min

Couper les blancs de poulet en fines aiguillettes.

Couper les pommes en quatre, les épépiner et les éplucher. Les recouper en petits cubes.

Dans une grande poêle antiadhésive, ou dans un wok, faire revenir le poulet dans l'huile d'olive avec la pâte tandoori. Ne pas cesser de remuer. Quand le poulet est bien saisi, ajouter les pommes. Bien remuer. Verser le jus de citron, saler, poivrer. Laisser cuire avec les pommes pendant 5 min. Servir.

Servir avec du riz basmati (voir mode de cuisson, p. 64).

**Le truc de Patricia**

Pour éviter de mettre trop de matière grasse dans la poêle, je mets mon huile dans un vaporisateur de jardinier. Ainsi je « pschitte » juste ce qu'il faut.

Ni marinade, ni brochettes, plus rapide il n'y a pas. Voici une invention géniale de ma belle-mère. Et c'est bon.

Pour 4 personnes

- 1 kg d'épaule d'agneau dégraissée et coupée en cubes
- 250 g de pruneaux dénoyautés
- 100 g d'amandes mondées
- 4 cuil. à soupe d'oignon coupé surgelé
- 75 g de beurre
- 1 grosse cuil. à soupe de miel épais
- 1/2 cuil. à café de cannelle en poudre
- 1 cuil. à café de gingembre en poudre
- 1 pincée de safran en poudre
- Sel, poivre du moulin

Pour accompagner :

- 320 g (2 verres) de graine de couscous moyen
- 2 cuil. à soupe d'huile d'olive
- 10 g de beurre

Cuisson : 1 h

# Le tajine d'agneau aux pruneaux express de Pierre B.

*Dans une cocotte en fonte,* placer les cubes de viande et les faire rissoler quelques minutes avec le beurre. Ajouter l'oignon, le miel, les épices, du sel, du poivre. Recouvrir d'eau à niveau. Faire cuire 20 min à feu moyen et à couvert.

*Ajouter* les pruneaux et les amandes et poursuivre la cuisson 40 min à feu moyen et à couvert en surveillant que ça n'attache pas.

*Pendant ce temps,* porter à ébullition 2 verres d'eau salée avec l'huile d'olive dans une sauteuse (ou dans un saladier au micro-ondes, puissance maximale). Ajouter le couscous hors du feu et laisser gonfler 4 min tout en remuant. Ajouter le beurre et remettre 3 à 4 min sur feu doux (ou 1 min au micro-ondes).

*Servir le tajine* accompagné du couscous.

VARIATION

Vous pouvez remplacer les pruneaux par des abricots secs ou un mélange pruneaux/abricots.

(Astuce présentation)

- Pour un dîner chic, dressez la viande dans un plat à tajine ou un plat creux, recouvrez de pruneaux et parsemez de 1 cuil. à soupe de graines de sésame grillées à sec dans une poêle.

# Le poulet au citron confit express de Philomène

*Dans une cocotte en fonte,* faire fondre le beurre et l'huile d'olive. Ajouter les morceaux de poulet, l'ail, l'oignon, les tomates et le safran. Saler légèrement, poivrer et mouiller avec 2 verres d'eau. Couvrir, laisser cuire 1 h à feu moyen en retournant la viande de temps en temps.

*Ajouter la pâte de citron,* la diluer dans la sauce. Si celle-ci a beaucoup réduit, ajouter 1/2 verre d'eau. Ajouter les olives. Poursuivre la cuisson 10 min.

*Pendant ce temps,* porter à ébullition 2 verres d'eau salée avec l'huile d'olive dans une sauteuse (ou dans un saladier au micro-ondes, puissance maximale). Ajouter le couscous hors du feu et laisser gonfler 4 min tout en remuant. Ajouter le beurre et remettre 3 à 4 min sur feu doux (ou 1 min au micro-ondes).

*Servir* le poulet accompagné du couscous.

**VEAU AU CITRON CONFIT EXPRESS**

VARIATION

Vous pouvez remplacer les cuisses de poulet par 1 kg de viande pour sauté de veau en cubes.

*Pour 4 personnes*

- *4 cuisses de poulet coupées à la jointure (8 morceaux au total)*
- *2 cuil. à soupe de pâte de citron confit au gingembre (Albert Ménès ou Michel Montignac)*
- *1 boîte de tomates concassées (400 g)*
- *2 cuil. à café d'ail coupé surgelé*
- *2 cuil. à soupe d'oignon coupé surgelé*
- *160 g d'olives vertes dénoyautées*
- *2 cuil. à soupe d'huile d'olive*
- *20 g de beurre*
- *1 pincée de safran en poudre*
- *Sel, poivre du moulin*

Pour accompagner :

- *320 g (2 verres) de graine de couscous moyen*
- *2 cuil. à soupe d'huile d'olive*
- *10 g de beurre*

*Cuisson : 1 h 10*

(Astuce présentation)

- Pour un dîner chic, dressez la viande dans un plat à tajine ou un plat creux.

# Le sauté de *veau* aux *artichauts* *de* Francine

*Pour 4 personnes*

- 1 kg de viande pour sauté de veau
- 300 g de fonds d'artichaut surgelés (Picard)
- 300 g de cœurs d'artichaut coupés surgelés (Picard)
- 2 cuil. à café d'ail coupé surgelé
- 140 g de concentré de tomate
- 2 cuil. à soupe d'huile d'olive
- 3 cuil. à café bombées de cumin en poudre
- Sel, poivre du moulin

*Cuisson : 25 min*

*Dans l'autocuiseur,* faire revenir à l'huile d'olive, l'ail et le concentré de tomate sur feu vif pendant quelques minutes. Ajouter la viande, le cumin, du sel, du poivre et 2 verres d'eau. Laisser dorer 5 min en remuant bien. Fermer et laisser cuire 7 min à compter de la montée en pression.

*Évacuer la vapeur,* ouvrir et ajouter les fonds et les cœurs d'artichaut encore surgelés. Refermer et faire cuire à nouveau 10 min à compter de la montée en pression.

*Servir.*

Vous pouvez remplacer le veau par 1 kg de sauté de dindonneau surgelé (Picard).

VARIATION

Dans ce cas, portez la première cuisson à 10 min et contentez-vous de 1 verre d'eau (la viande surgelée rend de l'eau).

*(Ça va mieux en le disant)*

- Francine, c'est ma première belle-mère. Comme elle dit, avec son humour à toute épreuve, « j'ai deux fils et... cinq belles-filles ! » Malgré les divorces et les remariages, elle a toujours gardé de bonnes relations avec les femmes de ses fils. Quand je l'ai appelée, pour lui parler de ce livre, elle a tout de suite voulu participer.

# Colombo de porc express

Pour 4 personnes

- *1 kg d'échine de porc désossée coupée en cubes*
- *2 yaourts au lait entier*
- *4 cuil. à soupe d'oignon coupé surgelé*
- *2 cuil. à café d'ail coupé surgelé*
- *1 cuil. à soupe de poudre de colombo*
- *1/2 cuil. à café de piment en poudre*
- *3 cuil. à soupe d'huile de tournesol*
- *Sel fin*

Pour accompagner :

- *2 verres de riz long grain Finest Uncle Ben's*
- *400 g de haricots rouges (cuits au naturel, en boîte)*

Cuisson : 35 à 40 min

Faire chauffer l'équivalent de 1 verre d'eau (à la bouilloire électrique, c'est plus rapide).

Dans l'autocuiseur, faire revenir les cubes de viande dans l'huile. Quand ils sont bien dorés, les réserver.

Dans le même autocuiseur, faire revenir l'ail et l'oignon. Ajouter la poudre de colombo, le piment, du sel, puis la viande avec l'eau bouillante.

Laisser cuire 20 min, à compter de la montée en pression.

Pendant ce temps faire cuire le riz : dans une poêle, verser 4 verres d'eau bouillante (obtenue toujours à la bouilloire électrique). Ajouter le riz et 2 pincées de sel. Couvrir et laisser cuire 10 min à feu doux jusqu'à complète absorption de l'eau.

Verser les haricots rouges dans une casserole et faire réchauffer à feu doux 5 à 10 min environ.

Lier la sauce de la viande avec les yaourts.

Servir bien chaud, accompagné du riz et des haricots, à part.

# L'émincé de veau gratiné de Christine

Pour 4 personnes

- 1 kg d'escalopes de veau émincées
- 200 g d'allumettes de jambon cru
- 100 g de gruyère râpé
- 20 cl de crème fraîche liquide
- 30 g de beurre ou margarine
- 2 cuil. à soupe de vin blanc sec
- 1/2 cuil. à café de noix muscade râpée
- 1 grosse cuil. à café de paprika
- Poivre du moulin

Cuisson : 15 min

Préchauffer le four à 240 °C (th. 8).

Dans une poêle, faire revenir les escalopes émincées avec le beurre, durant 3 min, en remuant sans cesse.

Les disposer dans un plat à gratin. Parsemer de gruyère râpé (en réserver un peu) et de jambon cru.

Dans un bol, mélanger la crème fraîche, le vin et les épices. Verser cette sauce dans le plat à gratin. Terminer en parsemant le gruyère réservé.

Faire gratiner 10 min en plaçant dans le haut du four.

Servir aussitôt accompagné de pâtes fraîches ou d'une salade verte.

VARIATION

Vous pouvez remplacer les aiguillettes de veau par des aiguillettes de poulet ou de dinde.

(Ça va mieux en le disant)

- Voici une recette adorée des enfants, venant de Christine, une deuxième mère pour moi...

# Travers de porc à l'américaine

LA VEILLE OU LE MATIN, AVANT DE PARTIR AU BUREAU

*Mélanger tous les ingrédients* de la marinade dans un grand plat à gratin.

*Imbiber les travers* de cette marinade. Recouvrir d'un film alimentaire et placer au réfrigérateur.

LE SOIR

*Préchauffer le four* à 200 °C (th. 6-7) durant 10 min.

*Retirer* le film alimentaire du plat contenant la viande et enfourner pour 40 min de cuisson. Pendant la cuisson, retourner les morceaux avec une longue fourchette.

*Pendant ce temps,* préparer l'accompagnement. Laver les pommes de terre, les essuyer et les enrober de papier aluminium, les déposer dans le panier de votre autocuiseur. Verser 2 verres d'eau au fond. Fermer et compter 10 min à partir de la montée en pression.

*Mélanger* la crème fraîche (ou le yaourt nature), du sel, du poivre et la ciboulette et servir avec les pommes de terre en robe des champs.

*Préparer le coleslaw* : couper le demi-chou blanc en fines tranches, l'assaisonner d'une sauce composée des Fjord, de la mayonnaise, de la moutarde et du sucre en poudre.

*Servir* les travers de porc dès la sortie du four avec leurs accompagnements.

Mon fils Marc se damnerait pour ce plat qui se mange avec les doigts en s'en mettant partout. Encore plus si vous le servez avec des frites surgelées qui cuisent au four, les jours de grand speed.

Pour 4 personnes

- *1 kg de travers de porc coupé en morceaux*

Pour la marinade :

- *1 cuil. à soupe d'ail coupé surgelé*
- *2 cuil. à soupe de concentré de tomate*
- *2 cuil. à café de jus de citron*
- *1 cuil. à soupe de miel liquide*
- *1 cuil. à soupe de sauce soja*
- *4 cuil. à soupe d'huile d'olive*
- *1 cuil. à café de gingembre en poudre*
- *2 cuil. à café de Worcestershire sauce*

Pour les pommes de terre en robe des champs :

- *8 pommes de terre moyennes*
- *1/2 bouquet de ciboulette ciselée*
- *20 cl de crème fraîche liquide ou de yaourt*

Pour le coleslaw :

- *1/2 chou blanc*
- *2 Fjord*
- *1 cuil. à soupe de mayonnaise*
- *1 cuil. à café de moutarde forte de Dijon*
- *1 cuil. à café de sucre en poudre*
- *Sel, poivre du moulin*

Cuisson : 40 min

Pour 4 personnes

- 1 kg d'épaule d'agneau dégraissée coupée en morceaux
- 2 aubergines
- 4 tomates
- 2 cuil. à café d'ail coupé surgelé
- 1 cuil. à café d'herbes de Provence surgelées
- 2 cuil. à soupe d'huile d'olive
- Sel, poivre du moulin

Cuisson : 40 min

# Le tian d'agneau aux aubergines et tomates d'Isa

Préchauffer le four à 240 °C (th. 8).

Rincer les aubergines, les essuyer et les couper en rondelles. Rincer les tomates, les essuyer et les couper en rondelles.

Dans un plat à gratin, verser 1 cuil. à soupe d'huile d'olive et étaler avec un papier absorbant. Puis alterner à la verticale : agneau, aubergines, tomates. Saler, poivrer. Parsemer d'ail et d'herbes de Provence. Ajouter la dernière cuillerée d'huile d'olive et enfourner pour 40 min de cuisson.

Servir dès la sortie du four.

**Le truc d'Anne**

J'adore le goût de l'ail, mais je ne supporte pas d'en croquer un morceau dans un plat. Alors, avant de cuisiner, je frotte ma poêle ou ma cocotte avec une gousse.

# Raclette au micro-ondes express

Pour 4 personnes

- *1 kg de pommes de terre à chair ferme (ratte, roseval)*
- *400 à 600 g de fromage à raclette*
- *4 tranches de jambon blanc au torchon*
- *12 tranches de viande des Grisons*
- *Cornichons*
- *Petits oignons au vinaigre*

Cuisson : 11 min

*Rincer et brosser* les pommes de terre sous l'eau froide sans les éplucher.

*Dans l'autocuiseur*, les faire cuire 8 min à compter de la montée en pression.

*Pendant ce temps*, préparer chaque assiette avec jambon, viande des Grisons, cornichons, petits oignons.

*Quand les pommes de terre sont cuites*, les aligner dans un plat qui passe au micro-ondes et les recouvrir de fromage.

*Placer* 3 min au micro-ondes (puissance maximale).

*Servir* et déguster aussitôt. Ne pas hésiter à faire fondre à nouveau au micro-ondes.

(Ça va mieux en le disant)

- Nul besoin d'un appareil à raclette. Un micro-ondes et c'est tout bon !

# Le veau à la paysanne de Delphine

Pour 4 personnes

- 1 kg de viande pour blanquette de veau
- 500 g de poireaux en rondelles (Picard)
- 500 g de carottes en rondelles (Picard)
- 2 cuil. à soupe d'oignon coupé surgelé
- 200 g de lardons nature
- 1 verre de vin blanc sec
- 2 cubes de bouillon Knorr
- 1 feuille de laurier
- 1 cuil. à café de thym coupé (sec ou surgelé)
- 2 cuil. à soupe d'huile d'olive
- Poivre du moulin

Cuisson : 1 h 40

Préchauffer le four à 180 °C (th. 6).

Dans une cocotte en fonte, faire revenir l'oignon surgelé et les lardons dans l'huile d'olive. Quand ils sont bien dorés, les réserver et faire revenir la viande.

Remettre oignon et lardons dans la cocotte. Ajouter les poireaux et les carottes encore surgelés, ainsi que le vin blanc, du poivre, le laurier, le thym et les cubes de bouillon émiettés.

Ajouter 1 verre d'eau (pas plus car les légumes surgelés rendent de l'eau), remettre le couvercle de la cocotte et l'enfourner. Au bout de 30 min, baisser le four à 150 °C (th. 5) et laisser mijoter encore 1 h au moins (plus c'est cuit, meilleur c'est).

Servir bien chaud.

Ma grande amie Delphine tient cette recette de Marion, sa petite sœur, qui ajoute de la crème fraîche à la fin. Par rapport à celle de sa sœur, la recette de Delphine était déjà simplifiée. Celle que je vous livre ici l'est encore plus. Mais le résultat est toujours épatant. Y compris pour un dîner entre copains.

## (Ça va mieux en le disant)

- Si votre cocotte ne va pas au four, le gaz ou les plaques peuvent aussi bien faire l'affaire. Dans ce cas, surveillez bien la cuisson afin que ça n'attache pas.
- Recyclez les restes : réchauffé, ce veau est encore meilleur et se marie très bien avec des penne *al dente* à l'huile d'olive.

# Navarin d'agneau express

Dans l'autocuiseur, faire rissoler la viande avec l'oignon surgelé et l'huile d'olive. Bien mélanger pour que la viande soit saisie sur toutes ses faces. Ajouter la farine. Bien remuer. Ajouter le concentré de tomate, l'ail, les herbes, du sel, du poivre et le vin blanc.

Laisser cuire 5 min après la montée en pression.

Pendant ce temps, éplucher les légumes et les couper en rondelles.

Évacuer la vapeur, ouvrir l'autocuiseur et ajouter les légumes par-dessus. Fermer et attendre encore 12 min après la montée en pression.

Servir.

Pour 4 personnes

- 1 kg d'épaule d'agneau dégraissée coupée en morceaux (pas de collier, c'est trop frustrant avec tous ces os...)
- 4 carottes
- 6 pommes de terre moyennes à chair ferme
- 3 cuil. à soupe d'oignon coupé surgelé
- 3 cuil. à café d'ail coupé surgelé
- 3 cuil. à soupe de concentré de tomate
- 1 cuil. à soupe de farine
- 1 cuil. à soupe d'huile d'olive
- 2 verres de vin blanc sec
- 1 cuil. à café de thym coupé surgelé ou en poudre
- 1 feuille de laurier
- Sel, poivre du moulin

Cuisson : 20 min

# Blanquette express

Pour 4 personnes

- 1 kg de viande pour sauté de veau
- 2 cuil. à soupe d'oignon coupé surgelé
- 1 citron (jus)
- 2 verres de vin blanc sec
- 1 cuil. à soupe de Maïzena
- 50 g de beurre
- 20 cl de crème fraîche épaisse
- 1 jaune d'œuf
- 2 clous de girofle
- 1 cuil. à café de thym
- 1 feuille de laurier (ou 1/2 cuil. à café de laurier en poudre)
- 2 verres de riz Long grain Finest (Uncle Ben's)
- Sel, poivre du moulin

Cuisson : 40 min

*Dans l'autocuiseur*, placer le veau, l'oignon surgelé, les clous de girofle, les herbes. Ajouter le verre de vin blanc et recouvrir d'eau. Fermer et laisser cuire 20 min à compter de la montée en pression.

*Ouvrir l'autocuiseur*, filtrer le bouillon. Verser 4 verres de ce liquide dans une casserole et y verser le riz. Couvrir et laisser cuire à feu doux 10 min jusqu'à complète évaporation.

*Pendant ce temps*, dans une casserole, faire cuire 50 g de beurre avec la Maïzena, bien remuer avec une cuillère en bois et ajouter 1 bol de bouillon filtré petit à petit. Laisser bouillir 5 min, le temps que la préparation épaississe un peu et ôter du feu. Ajouter le jaune d'œuf, le jus de citron et la crème fraîche en remuant vivement. Verser la sauce sur la viande, faire réchauffer tout doucement pour éviter l'ébullition.

*Servir* avec le riz à part.

Quand il fait froid, il n'y a rien de meilleur qu'une bonne blanquette. Même si je zappe les champignons et les carottes.

Ma cousine Cécile prépare une blanquette plus chic : faites décongeler 600 g de jeunes cèpes coupés (Picard). Supprimez le citron dans la sauce.

VARIATION

Une fois que la sauce est prête, ajoutez les cèpes et faites réchauffer l'ensemble longtemps à feu doux, afin que la viande se défasse bien.

(Ça va mieux en le disant)

- Doublez les proportions et congelez.

# Le gigot-pommes de terre « rien à faire » d'Isa

Pour 4 personnes

- *1 petit gigot d'agneau*
- *1 kg de pommes de terre ratte ou de Noirmoutier*
- *4 cuil. à soupe d'oignon coupé surgelé*
- *2 cuil. à café d'ail coupé surgelé*
- *2 cuil. à café d'herbes de Provence surgelées*
- *2 cuil. à soupe d'huile d'olive*
- *Sel, fleur de sel, poivre du moulin*

Cuisson : 45 min

Préchauffer le four à 250 °C (th. 8-9).

Rincer et essuyer les pommes de terre. Saler et poivrer le gigot sur toutes ses faces.

Dans un plat à gratin, verser 1 cuil. à soupe d'huile d'olive, l'étaler avec du papier absorbant. Répartir l'oignon surgelé au fond. Ajouter les pommes de terre, poivrer. Mettre le gigot par-dessus. Parsemer d'ail et d'herbes. Ajouter le reste d'huile d'olive et enfourner pour 45 min de cuisson.

À la sortie du four, parsemer le plat de fleur de sel et servir.

Encore une recette-miracle d'Isa, qui va très bien aussi pour un dîner entre copains ! N'oubliez pas de proposer une belle salade avec.

# Irish stew
## plat national des Irlandais

Pour 4 personnes

- 1,2 kg de gigot d'agneau coupé en morceaux
- 600 g de pommes de terre à chair ferme
- 500 g de petits pois extra-fins surgelés
- 1 carotte
- 4 cuil. à soupe d'oignon coupé surgelé
- 4 cuil. à soupe de persil plat haché frais ou surgelé
- 1 cube de bouillon de volaille
- 1 cuil. à café de thym coupé surgelé
- 1 feuille de laurier (ou 1/2 cuil. à café de laurier en poudre)
- Sel, poivre du moulin

Cuisson : 1 h 50

Un plat simple et réconfortant pour l'hiver.

Faire chauffer 50 cl d'eau (avec une bouilloire électrique, c'est le mieux).

Préchauffer le four à 200 °C (th. 6-7).

Éplucher les pommes de terre, les rincer et les couper en rondelles, ainsi que la carotte.

Diluer le cube de bouillon dans l'eau bouillante.

Dans une cocotte en fonte, disposer une couche de viande, puis une couche d'oignon et de pommes de terre et de rondelles de carotte. Parsemer de persil, saler et poivrer. Recommencer la même opération jusqu'à ce qu'il ne reste plus d'ingrédients. Assaisonner avec les herbes et recouvrir de bouillon. Couvrir la cocotte et l'enfourner pour 1 h 30 de cuisson.

Ajouter alors les petits pois surgelés et laisser cuire à nouveau 20 min.

Servir très chaud.

# Paupiettes de *veau* tomate-olives

Je ne sais plus d'où je tiens cette recette. Une chose est sûre : mes enfants l'adorent.

Pour 4 personnes

- *2 sacs de paupiettes surgelées (Picard, car la farce n'est pas une vulgaire chair à saucisse)*
- *140 g de concentré de tomate*
- *160 g d'olives vertes dénoyautées (soit 1 bocal)*
- *1 cube de bouillon de volaille*
- *1 cuil. à café de thym coupé surgelé*
- *1 feuille de laurier (ou 1/2 cuil. à café de laurier en poudre)*
- *1 verre de vin blanc sec*
- *2 cuil. à soupe d'huile d'olive*
- *Poivre du moulin*

Cuisson : 40 min

*Dans l'autocuiseur,* faire rissoler les paupiettes non décongelées dans l'huile d'olive, jusqu'à ce qu'elles soient bien saisies sur toutes leurs faces. Les sortir de l'autocuiseur pour ôter les bardes qui les entourent. Les replacer dans l'autocuiseur avec le vin blanc, 50 cl d'eau, les herbes et le cube de bouillon. Fermer l'autocuiseur.

*30 min après la montée en pression,* évacuer la pression et ouvrir. Diluer la sauce avec le concentré de tomate. Si cela manque de sauce, ne pas hésiter à rallonger avec de l'eau chaude. Mettre les olives dans l'autocuiseur et faire chauffer 5 min. Poivrer.

*Servir avec du riz,* des pommes de terre à l'eau ou des tagliatelles fraîches.

# Le *poulet* light de *Delphine*

*Pour 4 personnes*

- *1 poulet*
- *1 kg de champignons de Paris*
- *1 kg de tomates*
- *1 cuil. à café de thym coupé surgelé*
- *1 feuille de laurier*
- *1 cuil. à café de cognac*
- *Sel, poivre du moulin*

*Cuisson : 1 h 15*

*Préchauffer le four* à 200 °C (th. 6-7).

*Rincer les tomates,* les essuyer et les couper en rondelles. Rincer les champignons, les essuyer, couper leur base et les émincer au-dessus d'un plat allant au four. Ajouter les rondelles de tomates.

*Sur ce lit de légumes,* ajouter le thym, le laurier, du sel, du poivre, le cognac et le poulet.

*Enfourner* pour 1 h 15 de cuisson.

*Servir* dès la sortie du four.

Depuis quinze ans que je la connais, ma grande amie Delphine – qui, comme nous toutes, a toujours 3 kg à perdre à la fin de l'hiver – a essayé tous les régimes. Cette recette lui a été donnée par l'un des multiples diététiciens qu'elle a consultés. *Light* mais bon et rapide.

# L'émincé de poulet aux pommes de Claire

Pour 4 personnes

- ***4 blancs de poulet coupés en aiguillettes***
- ***4 pommes golden***
- ***1 citron (jus)***
- ***1 cube de bouillon de volaille***
- ***1 cuil. à café de sucre en poudre***
- ***3 cuil. à soupe d'huile d'olive***
- ***Sel, poivre du moulin***

Cuisson : 15 min

*Dans une sauteuse,* faire chauffer l'huile d'olive à feu vif et y faire revenir les aiguillettes de blancs de poulet jusqu'à ce qu'elles prennent une belle couleur dorée. Saler, poivrer. Baisser le feu.

*Pendant que le poulet cuit,* rincer les pommes, les essuyer, les couper et les épépiner. Ne pas les éplucher. Les couper en gros cubes.

*Au bout de 12 min,* ôter le poulet de la sauteuse et le réserver au chaud entre deux assiettes creuses. Dans la sauteuse où le poulet a cuit, faire dorer les pommes sur feu vif en les retournant souvent. Elles doivent être dorées et rester croquantes. Saler et donner 5 tours de moulin à poivre. Réserver avec le poulet.

*Déglacer la sauteuse* avec le cube de bouillon de volaille dilué dans 1 grand verre d'eau chaude. Ajouter le jus de citron et le sucre. Mélanger sur feu vif jusqu'à obtenir une consistance sirupeuse.

*Repasser le poulet et les pommes* dans la sauteuse quelques minutes avant de servir.

Claire, c'est vraiment la bonne copine : toujours de bonne humeur, toujours sympa. Un vrai bonheur qui, en plus, fait le poulet aux pommes comme personne !

# Le *poulet* au gratin *de Nicole*

*Pour 4 personnes*

- 4 cuisses de poulet coupées à la jointure (du coup on a 8 morceaux)
- 500 g de champignons de Paris miniatures surgelés (Picard)
- 1 cuil. à soupe d'oignon coupé surgelé
- 1 cuil. à café d'herbes de Provence
- 1 cuil. à soupe de Maïzena
- 100 g de gruyère râpé
- 50 cl de crème fraîche épaisse
- 1/2 bouteille de vin blanc sec
- 2 cuil. à soupe d'huile de tournesol
- Sel, poivre du moulin

*Cuisson : 1 h*

Nicole, c'est la mère de mon amie d'enfance, Ariane, et de Karine, sa sœur. Dans cette famille, où j'étais considérée comme la « troisième fille », j'ai passé des week-ends entiers à table. Ce poulet – très rapide à préparer – était un délice du dimanche.

*Dans une grande sauteuse,* faire revenir les cuisses de poulet dans l'huile avec l'oignon surgelé. Ajouter les herbes. Recouvrir de vin blanc. Laisser mijoter pendant 40 min. Ajouter les champignons, attendre 10 min.

*Préchauffer* le four à 210 °C (th. 7) pendant 10 min.

*Mettre les morceaux* de poulet dans un plat allant au four et recouvrir de 50 g de gruyère râpé.

*Épaissir la sauce* de la sauteuse avec la Maïzena en remuant vivement avec un fouet pour éviter la formation de grumeaux. Ajouter la crème fraîche, mélanger et verser le tout sur le poulet. Recouvrir du gruyère râpé restant. Enfourner pour 10 min de cuisson.

*Servir* avec des pâtes.

# les poissons

Pour 4 personnes

- 800 g de chair de poisson blanc sans arêtes
- 3 œufs
- 125 g de chapelure dorée (soit 1/2 boîte Tipiak)
- 3 cuil. à soupe de farine
- 3 cuil. à soupe d'huile de tournesol ou d'olive
- Sel, poivre du moulin

Cuisson : 4 à 6 min

# Croquettes de poisson

Couper le poisson en cubes d'environ 4 cm de côté. Saler et poivrer.

Préparer 3 grandes assiettes creuses, l'une pour la farine, l'autre pour les œufs battus, la dernière pour la chapelure.

Passer les cubes de poisson dans la farine de façon à les envelopper d'une légère couche. Puis les tremper dans l'œuf et enfin dans la chapelure afin qu'ils soient bien enrobés.

Dans une grande poêle antiadhésive, faire chauffer l'huile. Quand elle est bien chaude, faire cuire les croquettes 2 ou 3 min par face. Vérifier qu'il y ait toujours assez de matière grasse dans la poêle et ne pas hésiter à rajouter de l'huile, si nécessaire.

Servir accompagné de quarts de citron, de riz ou de pommes de terre sautées.

Baptisez-les « nuggets de poisson » et vos enfants en redemanderont...

# Cabillaud et légumes croquants au vinaigre balsamique

Pour 4 personnes

- 4 beaux pavés de cabillaud avec la peau
- 4 carottes en rondelles
- 2 têtes de brocolis en bouquets
- 300 g de pois gourmands
- 1/2 botte de ciboulette
- 4 cuil. à soupe de vinaigre balsamique
- 8 cuil. à soupe d'huile d'olive
- Fleur de sel, poivre du moulin

Cuisson : 15 min

*Pocher les légumes* rapidement dans de l'eau bouillante salée en commençant par les carottes (les plus longues à cuire), puis les brocolis et enfin les pois gourmands qui ne demandent que 3 min de cuisson. Égoutter et passer sous l'eau froide pour arrêter la cuisson et garder les couleurs vives. Disposer sur chaque assiette en laissant une place au milieu pour le poisson.

*Laver, essuyer et couper* la ciboulette. Préparer une vinaigrette composée de vinaigre balsamique et de 5 cuil. à soupe d'huile d'olive.

*Dans une poêle,* chauffer 3 cuil. à soupe d'huile d'olive. Ajouter les pavés côté peau et cuire 4 min à feu vif. Tourner les pavés à l'aide d'une large spatule (pour éviter qu'ils se délitent) et laisser cuire 1 min côté chair à feu moyen.

*Ajouter les filets de poisson* au milieu de chaque assiette de légumes et arroser de vinaigrette. Parsemer de fleur de sel et de ciboulette coupée. Donner un tour de moulin à poivre par assiette. Servir.

Vous pouvez remplacer le vinaigre balsamique par de la sauce soja.

VARIATION

Dans ce cas, évitez la fleur de sel, car cette sauce est déjà salée.

Une recette qui tombe à point nommé, au printemps, quand on décide de perdre les 3 kg accumulés pendant l'hiver…

(Ça va mieux en le disant)

- Vous pouvez utiliser des pois gourmands surgelés. En revanche, choisissez plutôt du cabillaud frais : le surgelé a vraiment peu de goût… De même cette recette étant très simple, préférez la ciboulette fraîche.

# Les filets de poisson pochés, sauce aux herbes de Dorothée

Pour 4 personnes

- 4 beaux filets de poisson (cabillaud, saumon, sole...)
- 1 sachet de court-bouillon
- 1 citron (jus)
- 1/2 bouquet de basilic
- 1/2 bouquet de persil plat
- 1 botte de ciboulette
- 4 cuil. à soupe d'huile d'olive
- 2 pincées de fleur de sel
- 4 tours de moulin à poivre

Cuisson : 5 min

Dorothée hait le gras, le lourd, bref tout ce qui fait grossir. Voici donc sa contribution *light* à ce livre...

Plonger les filets de poisson dans une casserole d'eau froide avec le sachet de court-bouillon. Porter à ébullition. Baisser le feu, ajouter le jus du citron. Attendre 3 min, sortir les filets à l'aide d'une écumoire, les égoutter sur une assiette recouverte de papier absorbant.

Pendant ce temps, rincer puis essuyer les herbes avec du papier absorbant. Ôter les tiges du persil et du basilic. Placer les herbes dans le hachoir et donner 1 ou 2 coups pour ne pas les réduire en purée. Récupérer les herbes dans un bol, ajouter l'huile d'olive, la fleur de sel, le poivre.

Servir cette sauce pour accompagner le poisson tiède, avec des légumes croquants (voir page précédente), des épinards ou des pommes de terre tièdes cuites à la vapeur.

VARIATIONS

**Blancs de poulet pochés, sauce aux herbes**
Vous pouvez remplacer le poisson par du blanc de poulet poché dans un bouillon de volaille (1 litre d'eau et 2 cubes de bouillon de volaille).

**Idée gourmande**
Vous pouvez remplacer le basilic par de l'estragon frais.

(Ça va mieux en le disant)

- Pour cette recette, préférez des herbes fraîches.

# Filets de poisson à la badiane régime express

Pour 4 personnes

- 4 beaux filets de poisson (cabillaud, saumon, sole...)
- 1 citron (jus)
- 3 cuil. à soupe d'huile d'olive
- 5 étoiles de badiane
- 2 pincées de fleur de sel
- 4 tours de moulin à poivre

Cuisson : 4 min

Placer tous les ingrédients dans un plat passant au micro-ondes. Couvrir d'un film alimentaire.

Enfourner pour 4 min de cuisson à puissance maximale.

Servir aussitôt avec du riz complet, des épinards cuits à la vapeur assaisonnés d'huile d'olive ou une fondue de poireaux.

Vous pouvez remplacer le citron par 1/2 verre de vin blanc sec.

VARIATION

**Le truc de Margot**

Pour conserver mes épices, je les garde dans des bocaux bien fermés à l'abri de la lumière.

Pour 4 personnes

- 6 filets de poisson blanc surgelés
- 2 cuil. à soupe de pâte de citron confit au gingembre (Albert Ménès ou Michel Montignac)
- 1 boîte de tomates concassées (400 g)
- 20 cl de crème fraîche liquide allégée
- Sel, poivre du moulin

Pour accompagner :
- 250 g de riz basmati

Cuisson : 20 min

# Les filets de poisson au citron confit de Marie

De quoi sublimer – en 5 min chrono – n'importe quel triste filet de poisson blanc oublié au fond du congélo... Bravo ma sœur !

*Dans une sauteuse*, mélanger sur feu moyen, les tomates, la pâte de citron, la crème fraîche, du sel et du poivre.

*Quand tout est lié*, ajouter les filets de poisson encore surgelés. Laisser cuire 20 min, en vérifiant que ça ne bout pas.

*Pendant ce temps*, plonger les 250 g de riz dans le double d'eau froide. Porter à ébullition, remuer et cuire à petit feu pendant 10 à 12 min.

*Servir.*

# Lotte aux petits légumes

**Le truc de Marie**

*Pour préserver les nutriments contenus dans les légumes, je ne les stocke jamais trop longtemps et je les épluche à la dernière minute.*

Pour 4 personnes

- 1 kg de lotte en tronçons
- 10 petites carottes-fanes
- 500 g de petites pommes de terre ratte
- 2 cuil. à café d'oignon coupé surgelé
- 1 cuil. à café de thym coupé surgelé
- 1/2 cuil. à café de laurier en poudre
- 1 cuil. à soupe de concentré de tomate
- 1 cuil. à soupe de farine
- 2 cuil. à soupe d'huile d'olive
- 1 verre de vin blanc sec
- Sel, poivre du moulin

Cuisson : 12 min

*Éplucher et rincer les carottes.* Si elles sont toutes belles, se contenter de les rincer et de les couper en rondelles après s'être débarrassé des extrémités. Laver les pommes de terre, ne pas les éplucher.

*Dans un autocuiseur,* verser l'huile d'olive, y faire rissoler l'oignon surgelé, ajouter les carottes. Saupoudrer de farine. Ajouter le concentré de tomate, le thym, le laurier, le vin blanc, du sel, du poivre et enfin les pommes de terre. Mélanger le tout et placer la lotte par-dessus.

*Couvrir et cuire* 10 min après la montée en pression. C'est prêt.

# Thon au cumin

Pour 4 personnes

- 1 kg de thon rouge coupé en gros cubes
- 2 boîtes de 400 g de tomates concassées
- 2 cuil. à café d'ail coupé surgelé
- 1 bouquet de coriandre (à défaut une boîte de 50 g de coriandre coupée surgelée, mais c'est mieux frais)
- 3 cuil. à soupe d'huile d'olive
- 2 cuil. à soupe de cumin en poudre
- Sel, poivre du moulin

Cuisson : 7 min

*Préchauffer* le four à 250 °C (th. 8-9).

*Dans un plat à gratin,* verser 2 cuil. à soupe d'huile d'olive, le cumin, du sel, du poivre et les cubes de thon. Bien mélanger et enfourner pour 7 min de cuisson.

*Pendant ce temps,* laver, essuyer et ciseler la coriandre.

*Dans une sauteuse,* faire rissoler l'ail surgelé dans 1 cuil. à soupe d'huile d'olive pendant 5 min. Ajouter la pulpe des tomates concassées et la coriandre ciselée. Quand c'est chaud, verser sur le thon.

*Servir aussitôt* avec un peu de riz.

# Petites *seiches* au *vinaigre*

*Pour 4 personnes*

- 2 sacs de 500 g de petites seiches surgelées (Picard)
- 2 cuil. à café d'ail coupé surgelé
- 4 cuil. à soupe de vinaigre de xérès
- 2 cuil. à soupe d'huile d'olive
- 1 cuil. à café de piment de Cayenne en poudre

*Cuisson : 15 min*

*Dans une grande poêle antiadhésive,* faire décongeler les seiches en les mélangeant pendant 10 min à feu doux.

*Les égoutter* dans une passoire.

*Dans la même poêle,* cette fois sur feu vif, faire dorer l'ail dans l'huile d'olive. Ajouter les seiches dans l'huile bouillante, remuer avec une cuillère en bois. Ajouter le piment et le vinaigre. Quand les seiches sont bien saisies (environ 5 min), les réserver.

*Faire réduire un peu la sauce* jusqu'à ce qu'elle prenne une consistance sirupeuse. Réchauffer les seiches dans la poêle 1 min et servir aussitôt avec une salade verte ou du riz.

# Les soles en kit de Maman

Pour 4 personnes

- 8 filets de sole
- 1 kg de courgettes surgelées (Picard)
- 50 g de beurre demi-sel + 10 g (pour le plat)
- 30 cl de crème fraîche épaisse
- 10 cl de crème liquide
- 1 cuil. à soupe d'échalotes séchées en poudre
- 1 grosse cuil. à soupe de fumet de poisson en poudre
- Sel, poivre du moulin

Cuisson : 30 min

*Dans une cocotte en fonte*, faire fondre le beurre. Ajouter les courgettes, la crème liquide et les échalotes séchées. Poivrer. Faire fondre sur feu moyen à fort et à découvert pendant 15 min, en remuant régulièrement.

*Préchauffer* le four à 210 °C (th. 7).

*Pendant ce temps*, mélanger le fumet de poisson à la crème fraîche. Saler et poivrer. Étaler généreusement cette préparation sur chaque filet de sole. Les rouler.

*Dans un plat à gratin beurré*, étaler la fondue de courgettes et placer les rouleaux de sole par-dessus.

*Enfourner* pour 10 à 15 min de cuisson.

*Servir aussitôt.*

Quand – à trente ans passés – j'ai vu ma mère « bidouiller » de sublimes soles achetées au marché, en Bretagne, un tabou est tombé : on pouvait préparer un plat délicieux avec du fumet de poisson en poudre !

(Ça va mieux en le disant)

- Achetez votre fumet de poisson chez le poissonnier, il sera meilleur qu'au supermarché.

# La lotte *marinée* au gingembre *light* de Pimara

Pour 4 personnes

- 1 kg de filets de lotte coupés en cubes
- 5 citrons (jus)
- 2 cuil. à soupe d'oignon coupé surgelé
- 75 g de gingembre coupé surgelé (Picard)
- 3 cuil. à café de coriandre coupée surgelée
- 12 cl d'huile d'olive
- Sel, poivre du moulin

*Dans un plat creux*, mélanger tous les ingrédients de la marinade. Ajouter les cubes de poisson. Couvrir d'un film alimentaire et laisser mariner au frais.

*Au bout de 20 min*, vous pouvez déguster le poisson cru ou le faire sauter rapidement dans une poêle avec de l'huile d'olive. Parfait avec une salade de pousses d'épinards frais ou des légumes vapeur.

Je tiens cette recette de ma tante thaïlandaise qui manie comme une chef les souvenirs d'Asie. Essayez, vous verrez !

(Ça va mieux en le disant)

- Vous pouvez remplacer la lotte par d'autres filets de poisson blanc (cabillaud entre autres).

# les pâtes, tartes salées, terrines, gratins

Pour 6 personnes

- 1 pâte brisée pur beurre prête à dérouler
- 150 g de fromages variés à pâte molle (chèvre, gorgonzola...)
- 150 g de fromages à pâte dure (gruyère, comté, mimolette...)
- 25 cl de crème fraîche épaisse
- 5 œufs
- Poivre du moulin

Cuisson : 40 min

# La tarte aux fromages de Marie

Ou comment recycler – en se régalant – les restes d'un beau plateau de fromage.

Préchauffer le four à 200 °C (th 6-7).

Étaler la pâte dans un moule à tarte en gardant le papier sulfurisé.

Dans un saladier, battre les œufs, ajouter la crème fraîche et du poivre.

Hacher les fromages à pâte dure. Les ajouter au saladier.

Couper en petits morceaux les fromages à pâte molle et les répartir sur le fond de tarte.

Verser le contenu du saladier sur le fond de tarte. Enfourner pour 40 min de cuisson.

Servir tiède avec une salade verte.

## (Ça va mieux en le disant)

- La quantité de fromage peut varier...

# La quiche sans pâte de Francine

Pour 6 personnes

- *100 g de farine*
- *200 g de lardons fumés*
- *200 g de gruyère râpé*
- *4 œufs*
- *25 cl de crème fraîche épaisse*
- *25 cl de lait*
- *10 g de beurre (pour le moule)*
- *Poivre du moulin*

Cuisson : 40 min

Préchauffer le four à 200 °C (th 6-7).

Dans un saladier, verser la farine. Ajouter les œufs en mélangeant au fouet. Ajouter la crème fraîche et petit à petit le lait froid. Ajouter les lardons et le gruyère. Donner 2 tours de moulin à poivre.

Beurrer un moule à tarte et y verser la préparation.

Enfourner pour 40 min de cuisson.

Servir tiède avec une salade verte.

VARIATIONS

Vous pouvez ajouter un reste de légumes verts cuits (petits pois, pois gourmands, courgettes, poireaux, épinards...) ou remplacer les lardons par un reste de saumon cuit.

# La tarte à la tomate de Delphine

Pour 4 personnes

- 1 pâte brisée ou pâte à pizza prête à dérouler
- 4 ou 5 tomates
- 1 cuil. à soupe d'olives noires dénoyautées
- 150 g de gruyère ou d'emmental râpé
- 3 cuil. à soupe de moutarde forte de Dijon
- 1 cuil. à soupe d'origan séché
- Sel, poivre du moulin

Cuisson : 25 à 30 min

Préchauffer le four à 200 °C (th. 6-7).

Étaler la pâte dans un moule en conservant le papier sulfurisé. Sur le fond de pâte, étaler la moutarde et disposer une bonne couche de gruyère râpé. Recouvrir des rondelles de tomates, saler, poivrer et ajouter l'origan.

Répartir quelques olives noires et mettre au four pour 20 à 30 min.

Servir dès la sortie du four.

**Les tartines à la tomate de Charlotte**

VARIATION

Remplacez la pâte à tarte par des tranches de pain Poilâne. Réduisez la cuisson à 10 min.

(Ça va mieux en le disant)

- Si vous n'avez pas d'olives, vous pouvez vous en passer.

# Le gratin de légumes de Patrick

Pour 4 personnes

- *1 kg de courgettes (ou chou-fleur ou brocolis)*
- *25 cl de crème fraîche épaisse (allégée éventuellement)*
- *100 g de gruyère râpé*
- *1/2 cuil. à café de noix muscade en poudre*
- *Sel, poivre du moulin*

Cuisson : 25 à 35 min

Préchauffer le four à 200 °C (th. 6-7).

Laver et couper les légumes en morceaux en gardant la peau des courgettes (mais en ayant ôté les extrémités). Les faire cuire dans le panier d'un autocuiseur avec 2 verres d'eau au fond (5 min à compter de la montée en pression).

Les égoutter dans une passoire en les pressant avec une fourchette.

Dans un plat à gratin, les écraser à la fourchette. Mélanger avec la crème fraîche, le gruyère, du sel, du poivre et la noix muscade. Goûter et ne pas hésiter à rajouter du sel et du poivre.

Enfourner pour 20 à 30 min de cuisson.

Servir dès la sortie du four.

Aux courgettes, au chou-fleur ou aux brocolis, la recette est la même. Sans béchamel, c'est moins long à préparer et moins lourd à digérer. Avec de la crème et du gruyère, les enfants aiment.

# Les brioches au jambon de Francine

Pour 4 personnes

- *8 petites brioches à chapeau de la boulangerie*
- *2 œufs*
- *1 petite boîte de champignons entiers (200 g)*
- *2 tranches de jambon blanc*
- *50 g de gruyère râpé*
- *10 cl de crème fraîche épaisse*
- *Poivre du moulin*

Cuisson : 20 à 30 min

Préchauffer le four à 150 °C (th. 5).

Ôter les chapeaux des brioches, les réserver. Avec un petit couteau, vider délicatement les brioches de leur mie en faisant attention à ne pas crever les parois. Passer la moitié de la mie à la moulinette. Jeter l'autre moitié (ou mangez-la !). Passer les champignons et le jambon à la moulinette.

Dans un saladier, bien mélanger la mie, les champignons et le jambon hachés, les œufs et le gruyère. Ne pas saler, mais poivrer beaucoup (3 tours de moulin minimum).

Remplir les brioches de cette farce. Remettre les chapeaux des brioches et enfourner pour 20 à 30 min de cuisson. Il faut que l'œuf soit cuit et le gruyère fondu.

Servir avec une salade verte.

Quand on en a assez des quiches et autres tartes salées, voici une alternative fastoche et originale, adorée de Jean-Claude, le père de mes fils aînés.

# Terrine de lotte à la tomate

Pour 4 personnes

- *1 kg de queue de lotte coupée en tronçons, sans arête et épluchée (demander au poissonnier)*
- *5 œufs*
- *1 petite boîte de concentré de tomate*
- *10 g de beurre (pour le moule)*
- *1 sachet de court-bouillon*
- *1 verre de vin blanc sec*
- *10 grains de poivre vert*
- *Sel fin*

Cuisson : 45 min

*Mettre la lotte* dans 1,5 litre de court-bouillon froid dans lequel vous aurez ajouté le vin. Porter à ébullition et laisser cuire 5 min.

*Pendant ce temps,* dans un saladier, battre les œufs, ajouter le concentré de tomate, le poivre vert. Beurrer un moule à cake antiadhésif.

*Préchauffer* le four à 210 °C (th. 7). Y placer un grand plat en Pyrex rempli d'eau à moitié (pour faire un bain-marie).

*Égoutter le poisson.* À l'aide d'un petit couteau, ôter les morceaux de peau grise qui restent éventuellement accrochés à la chair. Celle-ci doit se détacher facilement.

*Dans le moule à cake,* mettre le poisson grossièrement émietté, puis la préparation aux œufs.

*Enfourner* dans le bain-marie pour 40 min de cuisson.

*Servir bien frais* avec une mayonnaise aux herbes et une salade de pommes de terre.

**Pain au thon express**

VARIATION

Remplacez la lotte par 375 g de thon au naturel égoutté, réduisez le nombre d'œufs à 3 et ajoutez à la préparation 20 cl de crème fraîche allégée, 1/2 cuil. à café de harissa et 3 cuil. à café de jus de citron. Faites cuire directement dans un moule à tarte en porcelaine (pas besoin de bain-marie).

(Ça va mieux en le disant)

- Vous pouvez remplacer la lotte par un autre poisson blanc plus économique, mais le résultat sera moins fin.

# La terrine de foies de volaille à l'estragon de Maman

Pour 4 personnes

- 250 g de foies de volaille (demander au boucher de bien enlever le fiel, cette partie verte très amère)
- 50 cl de vin blanc sec
- 125 g de beurre
- 2 cuil. à soupe d'estragon frais ciselé
- Sel, poivre du moulin

Cuisson : 5 min

Repos au frais : 24 h

*Faire bouillir le vin blanc* et y plonger les foies. Attendre 3 min après la reprise de l'ébullition.

*Égoutter les foies,* les placer dans le bol du mixeur avec le beurre coupé en morceaux, l'estragon, du sel et du poivre. Mixer pour obtenir un mélange bien lisse. Goûter et ne pas hésiter à rectifier l'assaisonnement, si cela manque de sel, de poivre ou d'estragon. Verser cette préparation dans une petite terrine. Placer au réfrigérateur pour 24 h.

*Servir bien frais.*

**TERRINE DE FOIES DE VOLAILLE AU PORTO**

VARIATION

Remplacez l'estragon par 1 cuil. à café de mélange 4-épices et 1 cuil. à soupe de porto.

(Ça va mieux en le disant)

- Pas diététique pour deux sous, cette terrine, inventée par ma mère quand j'étais petite, est un délice avec du pain frais (ou toasté), des petits oignons et des cornichons...

# La tarte à la viande de Marlène

Pour 4 personnes

- *1 pâte brisée pur beurre prête à dérouler*
- *250 g de restes de viandes cuites de toutes sortes (rouge, blanche, jambon...) avec si possible leur jus de cuisson*
- *1 cuil. à café d'ail coupé surgelé*
- *2 cuil. à café de persil haché surgelé*
- *2 cuil. à soupe d'échalote coupée surgelée*
- *25 cl de crème fraîche épaisse*
- *2 œufs*
- *2 cuil. à soupe d'huile de tournesol*
- *Sel, poivre du moulin*

Cuisson : 25 min

Mon mari a-do-re cette recette de sa mère, qui, évidemment, fait la pâte elle-même... Je vous la livre version femme active des années 2000 ! C'est-à-dire avec une pâte toute prête. Et c'est bon quand même !

*Disposer la pâte* (avec le papier sulfurisé) dans un moule à tarte.

*Préchauffer le four* à 180 °C (th. 6).

*Hacher* grossièrement (pas tout fin) la viande.

*Dans une poêle,* faire revenir l'échalote, l'ail, la viande et son jus dans l'huile durant 5 min. Étaler cette préparation sur le fond de tarte.

*Dans un grand bol,* battre les œufs, ajouter la crème fraîche, le persil. Saler, poivrer. Verser cette préparation sur la tarte. Enfourner pour 20 min de cuisson.

*Servir dès la sortie du four* avec une salade verte.

Pour 4 personnes

- Environ 10 lasagnes sèches précuites (Barilla)
- 300 g d'épinards hachés à la crème surgelés (Picard)
- 250 g de ricotta ou de brousse fraîche
- 25 cl de crème fraîche (éventuellement allégée)
- 2 boules de mozzarella de bufflonne
- 4 cuil. à soupe d'huile d'olive
- Sel, poivre du moulin

Cuisson : 30 min

# Lasagnes aux épinards

Vous pouvez ajouter un morceau de saumon cuit

VARIATION

émietté à la préparation aux épinards.

LE MATIN

Sortir les épinards du congélateur pour les décongeler.

LE SOIR

Préchauffer le four à 180 °C (th. 6).

Dans un saladier, mélanger la ricotta, les épinards, la crème fraîche, 2 cuil. à soupe d'huile d'olive, du sel et du poivre. Goûter et ne pas hésiter à rajouter du sel et du poivre.

Dans un plat à gratin, étaler 2 cuil. à soupe d'huile d'olive avec du papier absorbant. Étaler une couche de lasagnes, une couche de préparation aux épinards, puis une couche de lasagnes et ainsi de suite. Finir par des lasagnes et ajouter les boules de mozzarella coupées en tranches.

Enfourner pour 30 min de cuisson.

Servir dès la sortie du four.

Une manière sympa de faire découvrir les épinards aux enfants.

# Pâtes aux brocolis et San Daniele

Ou comment faire avaler – ni vu, ni connu – des brocolis aux enfants... et à certains papas, réfractaires eux aussi.

Pour 5 personnes

- 500 g de pâtes
- 2 belles têtes de brocolis
- 1 cuil. à café d'ail coupé surgelé
- 200 g de jambon San Daniele
- 150 g de parmesan frais râpé
- 3 ou 4 cuil. à soupe d'huile d'olive
- 2 cuil. à soupe de gros sel
- Poivre du moulin

Cuisson : 10 min

Faire bouillir une grande marmite d'eau. Ajouter l'ail et le gros sel.

Rincer les têtes de brocolis, les couper de façon à supprimer les grosses côtes et à ne garder que des fleurettes de la taille d'un poing d'enfant.

Quand l'eau bout, plonger les pâtes et les brocolis en même temps. Arrêter la cuisson 1 min avant ce qui est indiqué sur le paquet de pâtes pour qu'elles soient *al dente*. Les brocolis doivent garder une couleur verte, bien vive.

Pendant ce temps, émincer le San Daniele en fines lamelles.

Égoutter pâtes et brocolis, puis les verser dans le plat de service. Arroser d'huile d'olive. Ajouter le San Daniele et le parmesan. Poivrer. Bien mélanger.

Goûter et ne pas hésiter à rajouter du sel, du poivre et de l'huile d'olive. Servir aussitôt.

(Ça va mieux en le disant)

- Choisissez les pâtes de votre choix. Respectez les temps de cuisson : penne (11 min), farfalle (10 min), girandole torsade (6 min).

# Pâtes aux courgettes râpées et tomates confites

Pour 4 personnes

- 400 g de pâtes au choix
- 6 petites courgettes
- 6 tomates confites à l'huile (Sacla)
- 80 g de parmesan frais râpé
- 2 cuil. à café d'ail coupé surgelé
- 3 cuil. à soupe d'huile d'olive
- 2 cuil. à soupe de gros sel
- Poivre du moulin

Cuisson : 15 à 20 min

Faire bouillir une grande marmite d'eau. Ajouter le gros sel.

Rincer les courgettes, les râper comme des carottes râpées avec leur peau, en ayant ôté les extrémités au préalable. Émincer les tomates confites en fines lanières (utiliser des ciseaux).

Dans une grande poêle antiadhésive, faire revenir les courgettes dans l'huile d'olive avec l'ail pendant 10 min.

Quand l'eau bout, y plonger les pâtes. Arrêter la cuisson 1 min avant ce qui est indiqué sur le paquet pour qu'elles soient *al dente*.

Égoutter les pâtes et les verser dans la poêle contenant les courgettes. Ajouter le parmesan et les lanières de tomates confites. Poivrer. Bien mélanger et servir.

**Le truc de Laurence**

Pour parfumer mes légumes vapeur, je prépare une huile aromatisée : 2 branches d'estragon et 1 gousse d'ail écrasée dans 25 cl d'huile d'olive que je laisse macérer 4 semaines.

# Le gratin d'aubergines à la mozzarella de Val

Pour 4 personnes

- 1 kg d'aubergines grillées surgelées (Picard)
- 50 cl de coulis de tomate
- 4 boules de mozzarella de bufflonne
- 100 g de parmesan râpé
- 2 cuil. à soupe d'huile d'olive
- Sel, poivre du moulin

Cuisson : 1 h

Préchauffer le four à 200 °C (th. 6-7).

Couper les boules de mozzarella en tranches.

Étaler de l'huile d'olive au fond d'un plat à gratin. Y déposer une couche de lamelles d'aubergines encore surgelées. Arroser de coulis de tomate. Ajouter des tranches de mozzarella. Saler, poivrer. Recommencer l'opération. Terminer par une couche d'aubergines et un filet d'huile d'olive. Saupoudrer de parmesan.

Enfourner pour 1 h de cuisson.

Servir aussitôt en accompagnement d'une viande blanche ou de jambon San Daniele.

Val aime peu faire la cuisine, mais elle adore les bonnes choses. Alors elle se débrouille. Voici un de se bons plans. Extra !

**Le truc de Laure**

Pour faire cuire des légumes bien croquants à la vapeur, je les installe sur une marguerite, dans une casserole avec 2 verres d'eau au fond et j'arrête la cuisson quand on peut planter un couteau dedans, mais avant qu'ils perdent leur belle couleur.

Pour 4 personnes

- 500 g de pâtes au choix
- 200 g de lardons nature
- 20 cl de crème fraîche liquide
- 2 jaunes d'œufs
- 60 g de parmesan râpé
- 3 cuil. à soupe de vin blanc sec
- 2 cuil. à soupe de gros sel
- Poivre du moulin

Cuisson : 8 à 12 min

# Les pâtes à la carbonara de Margot

Faire bouillir une grande marmite d'eau. Ajouter le gros sel.

Pendant ce temps, préparer la sauce. Dans une grande poêle antiadhésive, faire rissoler à feu vif les lardons sans ajouter de matière grasse. Éponger les lardons cuits sur du papier absorbant. Les remettre dans la poêle (qu'on aura préalablement vidée de son gras) avec le vin blanc, faire un peu réduire.

Plonger les pâtes dans l'eau.

2 min avant la fin de la cuisson des pâtes, ajouter la crème fraîche dans la poêle. Lier avec les jaunes d'œufs et le parmesan. Poivrer. Goûter et ne pas hésiter à rajouter du sel et du poivre.

Égoutter les pâtes, les verser dans un plat de service avec la sauce par-dessus. Bien mélanger. Servir aussitôt (avant que les pâtes n'aient bu toute la sauce).

Un basique qui fait toujours plaisir, surtout aux copains de ma petite sœur Margot.

# Les pâtes au saumon de Charlotte

Pour 4 personnes

- 500 g de pâtes
- 250 g de chutes de saumon fumé
- 40 cl de crème fraîche liquide allégée
- 1 cuil. à soupe de mascarpone
- 1/2 bouquet d'aneth
- 2 cuil. à soupe de gros sel
- Sel, poivre du moulin

Cuisson : 8 à 12 min

Faire bouillir une grande marmite d'eau. Ajouter le gros sel. Quand l'eau bout, y plonger les pâtes.

Rincer, sécher et ciseler l'aneth.

Dans une casserole antiadhésive, faire fondre sur feu doux le mascarpone, ajouter la crème fraîche. Au premier bouillon, saler légèrement et poivrer beaucoup. Couvrir et maintenir à feu tout doux, le temps d'égoutter les pâtes.

Arrêter la cuisson des pâtes 1 min avant le temps indiqué sur le paquet pour qu'elles soient *al dente*. Les égoutter, les verser dans le plat de service. Arroser de crème au mascarpone. Ajouter les chutes de saumon et l'aneth ciselé. Bien mélanger, goûter et ne pas hésiter à ajouter du sel, du poivre et de la crème.

Servir aussitôt, avant que les pâtes n'aient bu toute la sauce.

# Flan à la bisque de homard

Pour 6 à 8 personnes

- 400 g de bisque de homard en boîte
- 6 œufs
- 7 grosses cuil. à soupe de crème fraîche épaisse
- 10 g de beurre (pour le moule)
- Poivre du moulin

Cuisson : 1 h

*Préchauffer* le four à 200 °C (th. 6-7).

*Dans un saladier,* battre la bisque avec la crème fraîche. Ajouter les œufs un à un en battant le tout. Bien poivrer (4 tours de moulin).

*Beurrer un moule à cake* et y verser la préparation.

*Enfourner* au bain-marie pour 1 h de cuisson.

*Démouler aussitôt.*

*Servir en plat chaud* avec un peu de riz, ou froid avec une mayonnaise à la ciboulette et une salade.

# Omelette aux courgettes et à la brousse

Pour 4 personnes

- 8 gros œufs
- 400 g de petites courgettes
- 2 cuil. à soupe de menthe fraîche ciselée (ou l'équivalent surgelé)
- 400 g de brousse
- 2 cuil. à soupe d'huile d'olive
- Sel, poivre du moulin

Cuisson : 10 à 12 min

Couper l'extrémité et rincer les courgettes. Les râper comme des carottes râpées, avec la peau.

Dans une grande poêle antiadhésive, faire sauter les courgettes dans l'huile d'olive, avec du sel et du poivre durant 6 ou 7 min. Les réserver.

Dans un saladier, battre les œufs. Saler, poivrer.

Dans la poêle bien chaude (sur feu vif), verser les œufs battus, ajouter les courgettes au milieu, ainsi que la brousse et la menthe ciselée. Finir la cuisson sur feu moyen. Plier l'omelette en deux et la faire glisser sur le plat de service.

Servir en plat principal avec une salade verte.

# Crumble aux courgettes

Pour 4 personnes

- 1 kg de courgettes
- 1 cuil. à café d'ail coupé surgelé
- 2 cuil. à café de thym coupé surgelé
- 100 g de farine
- 80 g de beurre
- 100 g de gruyère ou de parmesan râpé
- 3 cuil. à soupe d'huile d'olive
- Sel, poivre du moulin

Cuisson : 35 min

*Préchauffer* le four à 150 °C (th. 5).

*Rincer et couper les courgettes* en cubes, en gardant la peau mais en ayant ôté les extrémités. Les faire revenir 5 min dans une grande poêle avec l'huile d'olive, l'ail surgelé, le thym surgelé, du sel et du poivre. Baisser le feu et couvrir durant 10 min.

*Pendant ce temps*, préparer la pâte dans un saladier en mélangeant avec les doigts le beurre, la farine et le fromage râpé, jusqu'à ce que la pâte prenne un aspect sablé.

*Dans un plat à gratin*, étaler les courgettes et recouvrir de la pâte. Enfourner pour 20 min de cuisson.

*Servir* avec une viande rouge.

**VARIATION**

Vous pouvez mélanger 500 g de courgettes et 500 g de tomates cerises.

# Le cake au jambon et aux olives de Maman

Pour 6 personnes

- 250 g de farine
- 100 g de gruyère râpé
- 250 g de jambon blanc coupé en dés
- 1/2 bocal d'olives vertes dénoyautées (160 g net égoutté)
- 4 œufs
- 25 cl de vin blanc sec
- 1 sachet de levure chimique
- 12,5 cl d'huile d'olive + 1 cuil. à soupe pour le moule
- 2 tours de moulin à poivre

Cuisson : 45 min

Préchauffer le four à 180 °C (th. 6). Huiler un moule à cake antiadhésif.

Dans un saladier, mélanger tous les ingrédients. Verser la préparation dans le moule à cake.

Enfourner pour 45 min de cuisson.

Servir tiède avec une salade verte.

En apéro, découpé en cubes, ou pour un buffet d'été accompagné d'une salade verte, ce bon plan de ma mère fait toujours plaisir à tout le monde.

Pour 6 personnes

- 1 boîte de purée d'aubergine (Monoprix Gourmet et seulement celle-là)
- 5 œufs
- 20 cl de crème fraîche épaisse
- 100 g de gruyère râpé
- 10 g de beurre (pour le moule)
- Sel, poivre du moulin

Cuisson : 30 à 35 min

# Le flan d'aubergine de Lortho

Préchauffer le four à 200 °C (th. 6-7). Beurrer un moule à cake.

Dans un saladier, mélanger tous les ingrédients. Saler légèrement, poivrer beaucoup. Verser la préparation dans le moule. Enfourner pour 30 à 35 min de cuisson.

Servir dès la sortie du four.

PLUS CHIC

VARIATION

Pour un dîner chic, présentez ce flan sur un lit de roquette avec des tomates cerises.

Lortho, c'est un mélange de Gwyneth Paltrow et de Chiara Mastroianni, autant dire qu'on n'est pas obligée d'être vieille et moche pour régaler les siens.

(Ça va mieux en le disant)

- Froid l'été avec du rôti froid ou chaud l'hiver avec des côtes d'agneau grillées, ce flan est un super bon plan pour tous les jours, ou même pour un dîner.

# Le pain d'*asperges* au *saumon* *fumé* de Maman

Pour 4 personnes

- *1 bocal d'asperges de 330 g*
- *4 œufs*
- *25 cl de crème fraîche épaisse à 15 % de matière grasse*
- *90 g de chutes de saumon fumé*
- *10 g de beurre (pour le moule)*

**Pour la sauce :**

- *20 cl de crème fraîche liquide*
- *1/2 botte de ciboulette*
- *2 tours de moulin à poivre*

Cuisson : 30 min

En plat principal pour tous les jours ou en entrée pour un dîner, vous tenez entre les mains l'une des recettes les plus bluffantes de ce livre.

*Préchauffer le four* à 180 °C (th. 6). Beurrer un moule à cake.

*Égoutter* les asperges.

*Placer tous les ingrédients* dans le bol du mixeur. Mixer et verser dans le moule.

*Enfourner* pour 30 min de cuisson.

*Pendant ce temps,* laver, essuyer et ciseler la ciboulette. Faire tiédir la crème fraîche et ajouter la ciboulette ciselée.

*Attendre 10 min avant de démouler* et servir aussitôt avec la sauce.

# La sauce « pour tout » de Marion

Pour 4 personnes

- 1 verre de vin blanc sec
- 1 cube de bouillon de poule Knorr
- 2 cuil. à café d'échalote coupée surgelée
- 20 cl de crème fraîche liquide allégée
- 1 filet de Tabasco
- Poivre du moulin

Cuisson : 15 min

*Dans une casserole,* faire réduire sur feu moyen-fort le vin blanc, l'échalote surgelée et le cube de bouillon pendant 10 à 12 min, jusqu'à ce que l'échalote soit bien fondue et qu'il ne reste que l'équivalent de 1 cuil. à soupe de liquide.

*Juste avant de servir la sauce,* ajouter la crème fraîche, le filet de Tabasco et poivrer (modérément). Porter doucement à ébullition.

*Servir tel quel* en accompagnement de pâtes.

Cette sauce de base est vraiment géniale. Viande rouge, viande blanche, pâtes fraîches, elle se marie avec tout. Une vraie bonne idée pour les jours où on n'en a aucune...

(Ça va mieux en le disant)

- Vous pouvez préparer cette sauce à l'avance, mais ne la faites jamais réchauffer au micro-ondes (à la casserole c'est le mieux).
- Si vous souhaitez rallonger cette sauce, ajoutez uniquement de la crème.

VARIATIONS

- Avec 1 cuil. à soupe d'aneth coupé, cette sauce sera parfaite pour servir avec des pommes de terre à l'eau et du saumon fumé.
- Avec 3 cuil. à soupe de dés de tomate au basilic de chez Picard ou avec un morceau de 50 g de roquefort, cette sauce est un délice avec des pâtes.
- Avec 2 cuil. à café de moutarde à l'ancienne, cette sauce accompagne parfaitement une viande rouge.
- Avec 1 cuil. à café de curry en poudre, elle se marie très bien avec des blancs de poulet émincés.

# les desserts

Pour 4 personnes

- 125 g de praliné en grains
- 4 œufs
- 40 g de beurre + 10 g (pour le moule)
- 50 g de farine
- 1 cuil. à café de levure chimique
- 80 g de sucre en poudre
- 1 cuil. à soupe d'eau de fleur d'oranger

Cuisson : 40 min

# Petit biscuit au praliné

*Préchauffer* le four à 180 °C (th. 6). Beurrer un petit moule à manqué (18 cm de diamètre).

*Faire fondre le beurre* au micro-ondes.

*Dans un saladier,* travailler tous les ingrédients au fouet. Bien mélanger et verser dans le moule.

*Cuire au four* pendant environ 40 min.

*Attendre 10 min* avant de démouler. Laisser refroidir avant de consommer.

Parfait tout seul au goûter ou pour accompagner une crème (au chocolat ou au caramel) ou une glace (vanille, chocolat, caramel).

**Le truc de Marie-Christine**

*J'ai toujours un bocal de raisins secs qui trempent dans du rhum. Cela permet de parfumer n'importe quelle recette de gâteau de base.*

# Le gâteau aux amandes de Mado

Pour 4 personnes

- 250 g d'amandes mondées (ou de poudre d'amande)
- 250 g de sucre en poudre
- 8 œufs
- 10 g de beurre (pour le moule)
- 2 cuil. à soupe d'eau de fleur d'oranger (facultatif)

Cuisson : 35 min

Ni farine, ni beurre, cette recette de l'arrière-grand-mère de mes enfants peut surprendre. En fait, c'est un délice de légèreté, simplissime à préparer.

Préchauffer le four à 210 °C (th. 7). Beurrer un moule à manqué.

Dans un saladier, mélanger tous les ingrédients ensemble. Verser dans le moule. Enfourner pour 10 min de cuisson. Puis baisser le four à 180 °C (th. 6) et laisser cuire encore 25 min.

Démouler quand il est tiède.

Servir avec une glace ou tout seul avec du thé ou du chocolat chaud.

Pour 6 personnes

- 3 bananes bien mûres
- 2 œufs
- 125 g de beurre + 10 g (pour le moule)
- 250 g de farine + 1 cuil. à soupe (pour le moule)
- 2 cuil. à café de levure chimique
- 250 g de sucre en poudre
- 2 cuil. à soupe de rhum brun ambré

Cuisson : 50 min

# Cake à la banane et au rhum

Préchauffer le four à 180 °C (th. 6). Beurrer et fariner un moule à cake (26 cm de long).

Faire fondre le beurre au micro-ondes.

Écraser les bananes épluchées avec le sucre en poudre, ajouter les œufs entiers, la farine, le beurre fondu, la levure chimique et le rhum. Bien mélanger à l'aide d'un fouet et verser dans le moule.

Cuire au four pendant environ 50 min.

Démouler quand il est tiède.

Laisser refroidir avant de consommer.

ASTUCES

S'il vous reste du cake, vous pouvez le garder dans du papier aluminium pendant 1 semaine ou encore le couper en tranches avant de le congeler.

Ça va mieux en le disant

- Pour les enfants, vous pouvez supprimer le rhum. Mais sachez que cette recette ne présente aucun danger pour leur santé, car la quantité d'alcool contenue dans chaque tranche de cake est très faible.

VARIATIONS

# Cake...

*... à la banane et au gingembre confit.* Ajoutez à la préparation 60 g de gingembre confit (que vous trouvez chez les traiteurs chinois) coupé en morceaux, avec ou sans rhum.

*... à la banane et aux oranges confites.* Ajoutez à la préparation 50 g d'écorces d'orange confite coupées en petits morceaux, avec ou sans rhum.

*... à la banane et aux raisins secs.* Si l'on est organisé et que l'on a toujours chez soi un pot rempli de raisins secs baignant dans le rhum, c'est le moment de les utiliser : remplacez le rhum de la recette par 2 cuil. à soupe de raisins gonflés de rhum.

# Cake au citron

Pour 6 personnes

**Pour le cake :**
- *3 œufs*
- *50 g de beurre + 10 g (pour le moule)*
- *20 cl de crème fraîche liquide*
- *140 g de farine + un peu pour le moule*
- *2 cuil. à café de levure chimique*
- *180 g de sucre en poudre*
- *1 pincée de sel*

**Pour le sirop :**
- *3 citrons (jus)*
- *150 g de sucre glace*

Cuisson : 45 min

Préchauffer le four à 180 °C (th. 6). Beurrer et fariner un moule à cake (26 cm de long).

Faire fondre le beurre au micro-ondes.

Dans un saladier, mélanger à l'aide d'un fouet le sucre en poudre, les œufs, puis la farine, le beurre fondu, la crème fraîche, la levure chimique et le sel.

Verser dans le moule. Enfourner pour 45 min de cuisson.

Environ 15 min avant la fin de la cuisson, préparer un sirop en faisant cuire le jus des citrons et le sucre glace dans une casserole durant 5 min à feu vif.

Quand le cake est cuit, verser le sirop bouillant dessus, directement dans le moule.

Attendre qu'il refroidisse pour le démouler. Si c'est un peu difficile, plonger le fond du moule dans l'eau bouillante (dans l'évier de la cuisine).

# La crème au chocolat noir de Marie

Pour 4 ramequins

- 100 g de chocolat noir (64 % de cacao, Nestlé dessert corsé) ou de Nestlé dessert prêt à fondre
- 50 cl de lait + 1 cuil. à soupe
- 2 jaunes d'œufs
- 30 g de sucre en poudre
- 1 cuil. à soupe de Maïzena

Cuisson : 10 min

Une recette de ma sœur. Régressive mais alternative (à la Danette, bien sûr...) !

Casser le chocolat en morceaux et le mettre dans une casserole avec le lait. Placer cette casserole au bain-marie (dans une casserole plus grande, à moitié remplie d'eau chaude posée sur le feu) et laisser fondre le chocolat. Remuer régulièrement. Si vous êtes très pressé, utilisez le chocolat en morceaux Nestlé dessert prêt à fondre en 1 min au micro-ondes.

Ajouter le sucre en poudre, bien remuer pour le dissoudre.

Dans un bol, mélanger les jaunes d'œufs et la Maïzena avec un fouet. Ajouter une louche de lait chocolaté chaud en fouettant vivement pour éviter la formation de grumeaux.

Verser ce mélange dans la casserole contenant le reste du lait chocolaté. Remuer sans arrêt sur feu doux, puis moyen. Au premier bouillon, prolonger la cuisson 2 min tout en remuant.

Verser dans des ramequins. Laisser refroidir avant de les mettre au réfrigérateur.

Consommer bien frais.

Pour 4 personnes

- 200 g de chocolat noir (64 % de cacao, Nestlé dessert corsé) ou de Nestlé dessert prêt à fondre
- 4 œufs + 1 blanc
- 1 pincée de sel

Repos au frais : 24 h

# La mousse au chocolat basique d'Anastasia

Casser le chocolat en morceaux et le mettre dans une casserole avec 1 cuil. à soupe d'eau. Placer cette casserole au bain-marie (dans une casserole plus grande, à moitié remplie d'eau chaude posée sur le feu) et laisser fondre le chocolat. Remuer régulièrement. Si vous êtes très pressé, utilisez le chocolat en morceaux Nestlé dessert prêt à fondre en 1 min au micro-ondes.

Séparer les jaunes des blancs d'œufs dans 2 saladiers différents. Battre les jaunes au fouet, puis verser dessus le chocolat fondu. Bien remuer.

Dans l'autre saladier, battre les blancs en neige très ferme avec le sel.

Incorporer les blancs à la préparation au chocolat en la soulevant délicatement à l'aide d'une spatule en bois. Ne pas tourner trop vite, cela ferait retomber les blancs.

Placer au réfrigérateur pour 24 h.

Voici la recette de ma baby sitter préférée. Le seul problème avec la mousse, c'est qu'il vaut toujours mieux la préparer la veille pour être sûr qu'elle soit bien ferme. Mais après, quel régal !

# Gâteau de semoule au caramel et aux raisins

Pour 4 personnes

- 120 g de semoule fine
- 6 cuil. à café de raisins secs
- 75 cl de lait
- 80 g de beurre
- 2 sachets de sucre vanillé
- 80 g de sucre en poudre
- 4 cuil. à soupe de caramel liquide

Cuisson : 15 min

Repos au frais : 2 h

*Faire bouillir le lait.* Y verser la semoule en pluie. Baisser le feu et faire cuire en remuant jusqu'à ce que le lait soit complètement absorbé.

*Ajouter le beurre en noisettes,* puis les raisins, le sucre vanillé et le sucre en poudre. Bien remuer.

*Dans le fond d'un plat,* étaler le caramel, puis verser la semoule encore chaude. Égaliser, laisser refroidir et mettre au réfrigérateur au moins 2 h.

*Servir* avec une crème anglaise. Il en existe de très convenables au rayon frais du supermarché.

VARIATION

Vous pouvez remplacer les raisins secs par des abricots secs ou des pruneaux coupés en petits morceaux.

# Pain *perdu*

*Pour 4 personnes*

- 8 tranches de pain (de mie ou brioché) rassis (de 1 cm d'épaisseur au moins)
- 50 cl de lait demi-écrémé
- 3 œufs
- 100 g de beurre
- 100 g de sucre en poudre
- 2 sachets de sucre vanillé

*Cuisson : 15 min*

*Dans une casserole,* faire chauffer la moitié du lait avec la moitié du sucre en poudre et le sucre vanillé. Quand le sucre est complètement dissous, éteindre le feu et ajouter le reste du lait. Verser la préparation dans une grande assiette creuse.

*Dans une autre assiette creuse,* battre les œufs avec le reste du sucre.

*Tremper* rapidement les tranches de pain dans le lait, d'un côté puis de l'autre. Les égoutter et les tremper dans l'œuf battu des deux côtés.

*Dans une grande poêle antiadhésive,* faire dorer – à feu doux – les tranches de pain dans du beurre sur les deux faces. Les égoutter sur du papier absorbant. Renouveler l'opération jusqu'à ce qu'il n'y ait plus de tranches. Réserver celles qui sont cuites entre 2 assiettes creuses pour les garder au chaud.

*Servir.*

VARIATION

Vous pouvez parsemer votre pain perdu d'amandes effilées grillées.

# Le gâteau au chocolat express de Jacqueline

Pour 6 personnes

- 200 g de chocolat noir (64 % de cacao, Nestlé dessert corsé)
- 4 œufs
- 175 g de beurre + 20 g (pour le moule)
- 175 g de sucre en poudre
- 1 cuil. à soupe rase de farine
- 1/2 sachet de levure chimique
- 1 pincée de sel

Cuisson : 15 min

- Vous pouvez utiliser du chocolat moins fort en cacao, dans ce cas ajouter 1 cuil. à café de café soluble au chocolat fondu.

VARIATION

- Si vous êtes très pressé, utilisez le chocolat en morceaux Nestlé dessert prêt à fondre en 1 min au micro-ondes.

Préchauffer le four à 180 °C (th. 6).

Beurrer un moule à tarte pouvant passer à table (genre porcelaine blanche).

Casser le chocolat en morceaux et le mettre dans une casserole avec 1 cuil. à soupe d'eau. Placer cette casserole au bain-marie (dans une casserole plus grande, à moitié remplie d'eau chaude posée sur le feu) et laisser fondre le chocolat. Ajouter le beurre. Remuer régulièrement.

Dans un saladier, battre les œufs avec le sucre en poudre. Ajouter le sel, la levure et la farine petit à petit en battant avec un fouet pour qu'il n'y ait pas de grumeaux. Ajouter le contenu de la casserole. Bien mélanger et verser dans le moule.

Enfourner pour 15 min de cuisson. Le gâteau est cuit quand un couteau glissé en son centre ressort un peu sale.

Servir tiède ou froid.

# Cheesecake au *citron*

*Pour 4 personnes*

- 75 g de biscuits petits-beurre (soit 1/2 paquet)
- 500 g de fromage blanc
- 2 œufs
- 10 g de beurre (pour le moule)
- 150 g de sucre en poudre
- 1 sachet de sucre vanillé
- 2 cuil. à café de jus de citron

*Cuisson : 45 min*

*Repos au frais : 4 h*

*Préchauffer* le four à 180 °C (th. 6).

*Dans le bol du mixeur*, mixer les biscuits. Beurrer un petit moule à manqué à cercle amovible (18 cm de diamètre) et étaler les biscuits écrasés au fond.

*Rincer* le bol du mixeur, puis y mettre tous les autres ingrédients. Mixer. Verser dans le moule et enfourner pour 45 min de cuisson.

*Laisser refroidir*, puis placer au réfrigérateur pour 4 h.

*Démouler* et servir bien frais.

**Le truc de Joëlle**

*En fin de semaine quand il reste des fruits bien mûrs dans la corbeille, j'improvise un gratin de fruits en leur ajoutant 1 sachet de cocktail de fruits rouges (450 g) surgelés de chez Picard. Je les parsème de sucre vanillé et je fais cuire 20 min à four bien chaud.*

# Tarte au chocolat

Pour 6 à 8 personnes

- *1 pâte sablée pur beurre prête à dérouler*
- *400 g de chocolat noir (64 % de cacao, Nestlé dessert corsé) ou de Nestlé dessert prêt à fondre*
- *50 cl de crème fraîche liquide*
- *80 g de beurre*

Cuisson : 20 min

Repos au frais : 1 h

Préchauffer le four à 180 °C (th. 6).

Dérouler la pâte dans un moule à tarte en gardant le papier sulfurisé, la recouvrir de papier sulfurisé et répandre dessus des haricots secs ou des noyaux de cuisson pour l'empêcher de gonfler. La faire cuire à blanc 20 min. Laisser refroidir.

Dans une casserole, faire fondre le beurre, ajouter la crème fraîche, remuer et porter à frémissement. Ajouter le chocolat coupé en morceaux. Laisser fondre hors du feu. Fouetter pour lisser le mélange. Attendre un peu qu'il refroidisse sans se solidifier pour garnir le fond de tarte. Puis couvrir d'une feuille de papier aluminium (en veillant à ce qu'elle ne touche pas le chocolat) et placer au réfrigérateur, environ 1 h.

Servir bien frais.

VARIATION

Pour un dîner, décorez de lamelles d'orange confite ou de copeaux de chocolat blanc. Et servez cette tarte accompagnée d'une *Salade d'oranges* (p. 130).

(Astuce)

- Coupez la tarte avec un couteau tiédi dans de l'eau chaude.

# Salade d'oranges

Pour 4 personnes

- 1 kg d'oranges maltaises + 1 orange (jus)
- 1 cuil. à café de cannelle en poudre
- 1 cuil. à soupe d'eau de fleur d'oranger
- 60 g de sucre glace

Repos au frais : 1 h

*Dans le saladier de service,* presser l'orange à jus, ajouter l'eau de fleur d'oranger, le sucre glace et la cannelle. Bien mélanger jusqu'à obtenir une sorte de sirop.

*Au-dessus du saladier* et à l'aide d'un couteau tranchant, peler les oranges à vif. Mode d'emploi : ôter les calottes à la base du fruit, puis couper la peau en spirale en entamant un peu la chair (il ne faut pas qu'il reste de fine peau blanche). Puis couper les oranges en rondelles. Bien mélanger l'ensemble (oranges + jus) et recouvrir d'un film alimentaire.

*Placer au réfrigérateur* au moins 1 h avant de servir.

VARIATION

Remplacez l'eau de fleur d'oranger par quelques feuilles de menthe fraîche ciselée.

Pour qui aime les saveurs orientales, cette salade d'hiver projette illico en Afrique du Nord.

# Gaufres

Pour
10-12 gaufres

- *50 cl de lait*
- *100 g de beurre*
- *2 œufs*
- *400 g de farine*
- *1 sachet de levure chimique*
- *75 g de sucre en poudre*
- *1 pincée de sel*

Cuisson : 2 min par gaufre

On s'en fait un monde, mais dès lors qu'on a l'appareil, c'est beaucoup plus simple que les crêpes : pas de temps de repos pour la pâte, pas de poêle à graisser et à regraisser, pas de crêpes à faire sauter, pas de cheveux qui sentent le graillon... Et les dimanches pluvieux avec les enfants, ça occupe...

Préchauffer l'appareil à gaufres.

Faire fondre le beurre au micro-ondes.

Dans un saladier, battre les œufs en ajoutant en alternance la farine et le lait. Puis, ajouter le sucre en poudre, le beurre fondu, la levure et la pincée de sel. Bien mélanger au fouet.

Avec une louche, verser la pâte dans l'appareil à gaufres.

Servir les gaufres saupoudrées de sucre glace ou nappées de confiture.

Pour 4 personnes

- 150 g de chocolat noir (64 % de cacao, Nestlé dessert corsé) ou de Nestlé dessert prêt à fondre
- 100 g de beurre
- 100 g de pétales de maïs grillés
- 50 g de sucre glace

Repos au frais : 1 h 30

# Roses des sables

Ou comment s'amuser avec les enfants un dimanche, quand il ne reste plus que des céréales et du chocolat noir au fond des placards...

*Faire fondre le beurre* et le chocolat en morceaux au micro-ondes ou au bain-marie. Mélanger jusqu'à ce que cela donne une pâte bien lisse. Ajouter le sucre glace. Mélanger à nouveau. Puis ajouter les céréales.

*Sur une grande feuille* de papier aluminium ou sulfurisé, former des petits tas de 3 à 4 cm de diamètre avec 2 cuillères à café.

*Placer au frais* pour 1 h 30 minimum.

*Déguster.*

# La crème au caramel en 6 minutes de Paule

Pour 4 personnes

- 50 cl de lait
- 3 œufs
- 100 g de sucre en poudre
- 1/2 cuil. à café d'extrait de vanille
- 3 cuil. à soupe de caramel liquide

Cuisson : 6 min

Repos au frais : 6 h

Paule, c'est une copine qui pourrait être ma mère. Une superwoman charmante, qui a tout réussi : sa carrière, son couple, son fils. Quand je lui ai expliqué l'objectif de ce livre – nourrir correctement sa famille même si on bosse comme une folle –, elle a éclaté de rire et m'a livré illico cette alternative délicieuse au Flanby...

Faire bouillir le lait avec le sucre en poudre et l'extrait de vanille.

Pendant ce temps, battre les œufs dans un saladier.

Quand le lait est un peu refroidi, le verser doucement sur les œufs sans cesser de remuer.

Tapisser le fond d'un moule à soufflé de caramel liquide. Puis verser la préparation dans le moule.

Verser 2 verres d'eau dans le fond de l'autocuiseur. Poser le moule dans le panier de l'autocuiseur. Le couvrir d'une assiette ou de papier aluminium bien fermé à l'aide d'un élastique. Fermer l'autocuiseur.

Compter 6 min de cuisson à partir de la montée en pression. Évacuer immédiatement la vapeur. C'est cuit. Attendre que cela refroidisse et mettre au réfrigérateur pour 6 h.

Servir très froid.

(Ça va mieux en le disant)

- Vous pouvez cuire cette crème au micro-ondes, ça marche, à condition de couvrir le plat avec une cloche (pour que la vapeur s'évapore et ne retombe pas au milieu) et de faire cuire 8 min à la puissance maximale. Cependant, l'aspect sera moins joli qu'à l'autocuiseur...

# Crumble poire-chocolat

Pour 4 personnes

- 4 poires comice
- 120 g de beurre + 10 g pour le moule
- 150 g de farine
- 30 g de sucre en poudre
- 1 pincée de sel
- 1 sachet de pépites de chocolat Vahiné (100 g)

Cuisson : 20 à 25 min

Préchauffer le four à 210 °C (th. 7).

Éplucher les poires, les épépiner et les couper en cubes. Les placer dans un plat à gratin en porcelaine beurré. Parsemer de pépites de chocolat.

Couper le beurre en morceaux dans un saladier. Ajouter la farine, le sucre en poudre, le sel. Mélanger avec les doigts jusqu'à obtenir une sorte de sable non homogène. Parsemer cette préparation sur les poires et le chocolat.

Enfourner à mi-hauteur et laisser cuire 20 à 25 min, jusqu'à ce que le crumble soit bien doré.

Servir tiède.

Depuis son divorce, mon copain Fred expérimente des recettes faciles pour ses enfants et lui. Voici l'une de ses préférées.

**Crumble pomme-cannelle**
Remplacez les poires et le chocolat par 4 belles pommes mélangées à 2 cuil. à soupe de miel liquide, 1 cuil. à soupe de calvados et 1 cuil. à café de cannelle en poudre. Servez tiède avec de la crème fraîche épaisse.

VARIATIONS

**Crumble aux fruits rouges**
Remplacez les poires et le chocolat par 2 sachets de cocktail de fruits rouges Picard décongelés et égouttés. Servez tiède avec de la crème fraîche épaisse.

# Clafoutis express

Pour 6 personnes

- *500 g de cerises noires*
- *3 œufs*
- *38 cl de lait concentré non sucré (1 boîte)*
- *2 cuil. à soupe de beurre + 10 g pour le moule*
- *3 cuil. à soupe de farine*
- *3 cuil. à soupe de sucre en poudre*
- *1 sachet de sucre vanillé*
- *1 pincée de sel*

Cuisson : 30 à 40 min

Préchauffer le four à 210 °C (th. 7).

Laver et équeuter les cerises. Beurrer un moule à gratin en porcelaine pouvant servir de plat de service. Y ranger les cerises en les serrant bien.

Dans un saladier (ou le bol du mixeur), mélanger les œufs, le sucre en poudre, la farine, le beurre, le lait concentré et le sel. Verser cette préparation sur les fruits, saupoudrer le clafoutis de sucre vanillé et enfourner pour 30 à 40 min de cuisson. C'est cuit lorsque le clafoutis est bien doré et que la lame du couteau ressort lisse.

Servir tiède ou froid.

Aux pruneaux ou aux cerises, le clafoutis a ses inconditionnels. En voici une recette hyper simplifiée sans rien céder au bon goût.

VARIATIONS

**CLAFOUTIS AUX PRUNEAUX**
Remplacez les cerises par une quinzaine de pruneaux dénoyautés.

**CLAFOUTIS AUX RAISINS**
Remplacez les cerises par 250 g de raisin blanc et 250 g de raisin noir.

# La tarte aux pommes râpées de Dorothée

Pour 6 personnes

- 1 pâte brisée pur beurre prête à dérouler
- 700 g de pommes
- 40 g de beurre
- 60 g de poudre d'amande
- 50 g de sucre cassonade
- 1 pincée de cannelle en poudre
- 1 cuil. à soupe de rhum ou de calvados

Cuisson : 35 min

Une exception consentie par mon amie Dorothée à son amour du *light*...

Préchauffer le four à 210 °C (th. 7).

Dérouler la pâte dans un moule à tarte en gardant le papier sulfurisé, la recouvrir de papier sulfurisé et répandre dessus des haricots secs ou des noyaux de cuisson pour l'empêcher de gonfler. La faire cuire à blanc 10 min. Laisser refroidir.

Pendant ce temps, éplucher les pommes, les épépiner et les râper comme des carottes au moyen d'une râpe ou d'un robot. Les faire revenir quelques minutes dans une poêle afin de chasser du jus, puis les laisser refroidir. Les mélanger à la poudre d'amande, à la cassonade, à la cannelle et au rhum (ou au calvados). Verser cette préparation sur la pâte. Parsemer le beurre coupé en petits morceaux.

Enfourner pour 25 min de cuisson.

Servir tiède ou froid.

# Gâteau
## aux pommes

Pour 6 personnes

- 5 pommes
- 150 g de beurre + 10 g (pour le moule)
- 3 œufs
- 5 cuil. à soupe de farine
- 3 cuil. à soupe de sucre en poudre + 1 cuil. à soupe
- 2 sachets de sucre vanillé
- 1 pincée de sel
- 2 cuil. à soupe de caramel liquide

Cuisson : 35 min

VARIATION

**Gâteau aux poires**
Remplacez les pommes par 5 poires comice.

*Préchauffer* le four à 210 °C (th. 7).

*Faire fondre le beurre* dans un bol au micro-ondes.

*Éplucher les pommes*, les épépiner et les couper en tranches.

*Beurrer* un moule à tarte pouvant passer à table, y étaler le caramel et parsemer des tranches de pommes. Enfourner pour 10 min de cuisson.

*Pendant ce temps*, mélanger au fouet les œufs, le sucre en poudre, le sucre vanillé, la farine, le beurre fondu et la pincée de sel. Verser cette préparation sur les pommes.

*Enfourner* à nouveau pour 25 min.

*Servir tiède* en saupoudrant la surface du gâteau de 1 cuil. à soupe de sucre en poudre.

Pour 6 personnes

- 60 cl de crème fraîche liquide allégée
- 100 g de sucre en poudre
- 3 feuilles de gélatine
- 1/2 sachet de sucre vanillé en poudre
- 1 cuil. à café d'extrait d'amande amère

Cuisson : 5 min

Repos au frais : 4 h

# Panacotta

*Faire tremper* les feuilles de gélatine dans un grand bol d'eau froide pour les ramollir.

*Verser la crème fraîche,* le sucre en poudre, le sucre vanillé et l'extrait d'amande dans une petite casserole. Faire chauffer sur feu moyen en remuant avec une cuillère en bois. Maintenir à petits bouillons pendant 5 min sans cesser de remuer.

*Éteindre* et ajouter les feuilles de gélatine après les avoir bien égouttées en les pressant dans la main. Remuer. En principe la gélatine fond immédiatement.

*Verser cette préparation* dans un moule à cake en verre ou un saladier en verre. Couvrir d'un film alimentaire, laisser un peu refroidir et placer au réfrigérateur.

*Attendre* au moins 4 h que la panacotta ait bien pris.

*Démouler* en plaçant le fond du moule dans l'eau chaude (dans l'évier).

*Servir avec un coulis de fruit :* le meilleur étant un coulis de framboise (mixer 2 petites barquettes de framboises avec 2 cuil. à soupe de sucre glace).

J'ai découvert ce dessert aux quarante ans de mon amie Dorothée, fêtés dans un sublime italien de Paris. Pour moi, seul un pro – italien, de surcroît – aurait pu refaire cet entremets. Un beau jour, en entendant la recette à la radio, j'ai compris qu'un enfant de huit ans pouvait la réussir ! Essayez, vous verrez.

(Ça va mieux en le disant)

- Le mieux est de la préparer la veille ou le matin pour le soir.

# Crème à la fleur d'oranger

Pour 4 personnes

- 50 cl de lait
- 1 œuf
- 100 g de sucre en poudre
- 2 cuil. à café de fécule de pomme de terre
- 2 cuil. à soupe d'eau de fleur d'oranger
- 4 cuil. à soupe de pignons de pin

Cuisson : 5 à 10 min

Repos au frais : 4 h

Dans une casserole, faire bouillir le lait, ajouter le sucre en poudre et la fécule en fouettant jusqu'à ce que le liquide épaississe et devienne une crème.

Éteindre le feu, ajouter l'œuf en fouettant énergiquement. Replacer la casserole sur le feu en fouettant vivement. Porter ainsi à ébullition. Retirer du feu et ajouter l'eau de fleur d'oranger. Fouetter à nouveau.

Verser dans des petits verres orientaux (du genre de ceux qu'on utilise pour le thé à la menthe) ou des coupelles. Laisser refroidir au frais pendant au moins 4 h.

Parsemer de pignons grillés à sec. Servir bien frais.

Encore une madeleine d'Afrique du Nord qu'il vaut mieux préparer le matin pour le soir.

# La glace au *café* de Mamie

*Pour 4 personnes*

- *1 boîte de lait concentré sucré (397 g)*
- *25 cl de crème fraîche épaisse*
- *3 cuil. à soupe de Nescafé*

*Repos au frais : 24 h*

Régressive et hypercalorique, cette recette de ma grand-mère est adorée des enfants et... des parents.

*Dans une boîte en plastique* allant au congélateur, mélanger le lait concentré et la crème fraîche. Ajouter le Nescafé dilué dans très peu d'eau chaude. Mélanger.

*Fermer la boîte* et la placer au congélateur. Attendre 24 h. Placer le fond de la boîte dans de l'eau chaude avant de démouler.

**Glace aux fraises ou aux framboises**

VARIATION

Vous pouvez remplacer le café par 250 g de fraises ou de framboises lavées, essuyées et mixées.

*(Idée gourmande)*

- Pour un dîner chic, vous pouvez servir cette glace dans des petits verres, genre verre à thé à la menthe.
- Vous pouvez accompagner cette glace d'autres gourmandises (La mousse au chocolat basique d'Anastasia p. 124, Le gâteau aux amandes de Mado p. 119), elles-mêmes servies en petites portions.

# Le vacherin express de Valérie S.

### Pour 4 personnes

- 200 g de chocolat noir
- 100 g de meringue
- 50 cl de glace à la vanille
- 1 bombe de crème Chantilly

*Casser le chocolat en morceaux* et le mettre dans une casserole au bain-marie (dans une casserole plus grande, à moitié remplie d'eau chaude posée sur le feu).

*Dans 4 coupes,* superposer 1 couche de glace, 1 couche de crème Chantilly, 1 couche de meringue préalablement émiettée.

*Tasser un peu* avec une cuillère à soupe.

*Verser* le chocolat fondu sur les coupes. Servir aussitôt.

**Vacherin aux framboises**

VARIATION

Remplacez le chocolat par du coulis de framboise (Picard). Ajoutez 2 barquettes de framboises. Remplacez la glace à la vanille par 25 cl de glace à la vanille et 25 cl de sorbet à la framboise.

(Astuce présentation)

- Pour un dîner chic, servez ce dessert dans un joli saladier transparent qui laissera apparaître les couches de couleur.

# Index

# Index des recettes par produits

*Les recettes suivies de (V) sont des variations*

## Meringue


## Miel


## Moutarde


## Mozzarella


## Navet


## Nescafé


## Noix muscade


## Œuf


## Œufs de cabillaud


## Oignon

# Index alphabétique des recettes

*Les recettes suivies de (V) sont des variations*

## B



## C



## E



## F



## G

## I



## L

## N



## O



## P



## R



## S



## T

## V

# Remerciements

*Merci à Laure Paoli, mon éditeur, qui a dit « oui » tout de suite à ce projet et m'a fait confiance pour le mener à terme.*

*Merci à toutes celles et ceux qui ont participé à ce livre en me faisant cadeau de leurs bons plans, et tout particulièrement à Isabelle S.*

*Merci à Hervé, Charles, Marc et Tom, qui ont joué les cobayes et m'ont encouragée à continuer.*

# Aux éditions Albin Michel

**LE Livre de cuisine**
**Ils arrivent dans 1 heure !**
*Andrée Zana-Murat*

**Ce soir on dîne à la maison**
*Andrée Zana-Murat / Marion Scali*

**Le Vin se met à table**
*Sandrine Audegond*

**Mieux manger avec nos enfants**
*Sylvie Aubonnet-Caupin*

**Les Écrivains aux fourneaux**
*Patricia Lepic*

**Le Poisson pris dans ses filets**
**Moi, je cuisine solo ou duo !**
**Moi, je cuisine vert et gourmand**
*Brigitte Namour*

**La Cuisine de Julie**
**La Cuisine expliquée à ma mère**
**Tout cru**
*Julie Andrieu*

Moi, je prépare tous mes dîners la veille
Dominique Combet

Un plat c'est tout !
Les Jules aux fourneaux
Christian de Rivière / Charles-Henry de Valbray

Petits riens, grands festins
Antoine Herbez

Les Charlottes de Charlotte
Charlotte Boistel-Bombeke

Du poulet, s'il vous plaît !
Catherine Lacouberie

L'Œuf, comme il vous plaira !
Yette Deblicker / Sylvie Jolly

Sauce qui peut
Nicolas Vigne

Moi, je cuisine sans sel mais avec saveur
Nicole H.-Rimbault

Je sais cuisiner
Je sais faire les conserves
Je sais faire la pâtisserie
Ginette Mathiot

Les Plats du jour de Lulu
Lucette Rousseau

**La Grande cuisine française casher**
*Michel Gottdiener*

**La Saison des confitures**
*Véronique Le Normand*

**Caprices de chocolat**
*Frédéric Bau*

**Ma Cuisine**
*Alain Dutournier*

**Mes recettes de terroir**
**Bernard Loiseau cuisine en famille**
**Mes bons petits plats faciles et pas chers**
*Bernard Loiseau*

**Georges Blanc cuisine en famille**
*Georges Blanc*

**Jacques Maximin cuisine les légumes**
*Jacques Maximin / Martine Jolly*

## Collection « De mère en fille »

**La Cuisine marocaine**
*Touria Agourram*

**La Cuisine provençale**
*Marion Payan*

La Cuisine italienne
*Leda Vigliardi Paravia*

La Cuisine juive tunisienne
*Andrée Zana-Murat*

La Cuisine indienne
*Anjali Mendès*

La Cuisine corse
*Sabine Cassel-Lanfranchi*

*Collection « Une petite faim »*

Divines, les tartines !
Craquants, les croustillants !
Vite faites, les omelettes !
*Brigitte Namour*

Légères, les salades d'hiver !
Colorées, les purées !
Ensoleillées, les salades d'été !
*Sandrine Audegond*

Toutes douces, les mousses !
Vite prêtes, les boulettes et galettes !
Légers, les soufflés !
Sans chichis, les farcis !
*Catherine Lacouberie*

Conception graphique : Marie Pinaux
Conception de la couverture : Stéphanie Le Bihan
Réalisation : Bénédicte Chantalou / Yuruga



Éditions Albin Michel
22 rue Huyghens 75014 Paris
www.albin-michel.fr

Achevé d'imprimer en France sur les presses de Pollina

ISBN : 978-2-226-15757-7
Dépôt légal : septembre 2005
N° d'édition : 24873
N° d'impression : **L** 41750